マイナビ新書

# フォークソングが教えてくれた

JN088664

小川真一

マイナビ新書

# はじめに

フォークソングが教えてくれた。

フォークという言葉を口にする度に、どこか感謝の気持ちがわいてくる。それは、フォークソングが自分にとって、一番慣れ親しんだ音楽だからだろうか。

フォークソングから学んだことは計り知れない。

物事の見方や恋愛のありかた、そして人生の指針までも、様々なことをフォークを通して教わった。そんな方も多いはずだ。

楽しかったことも、笑ったことも、悲しいことも、辛かったことも、それぞれの思い出が、歌とともに景色のように目の前に浮かんでくる。こういった自身のクロニクルと密接に連動しているのが、フォークの特徴ではないかと思う。これは、受け身として耳にしていただけではなく、一緒にギターを奏で、一緒に歌った音楽だからこそ、そう思えてくるのに違いない。

時代の動きに機敏に反応するのもフォークソングだといえる。この本の中では、新宿西口のフォークゲリラの登場や、ザ・フォーク・クルセダーズの「帰って来たヨッパライ」の大ヒットなど、大きな社会現象となったトピックをとりあげた。それぞれの事象にはそれぞれの背景があり、歌が世に出ていくまでには様々な行程がある。そのことを知って欲しかった。

たぶんフォークソングは、最初はそれほど大きなものではなかった。時代の代弁者ではあってても、大きく人を動かすものではなかったように思う。それが変わり始めたのが、71年に中津川でおこなわれた全日本フォークジャンボリーであり、75年の吉田拓郎（当時の表記はよしだたくろう）と、かぐや姫によるつま恋コンサートになるだろう。

今では大規模な野外コンサートや、ドームでの連続ライヴなどもまるで珍しくはないのだが、まったく基盤のないところからハンドメイドで作りあげていった。それが70年代であったように思う。

レコードの売り上げという意味においては、吉田拓郎の「旅の宿」や、南こうせつとかぐや姫の「神田川」などが、フォークソングのシングル盤としては異例なほどの大ヒットを記録。さらにその念押しとなったのが、井上陽水の『氷の世界』で、日本のレコード史上でアルバムとして初めて100万を超えるビッグなセールスをうち立てた。そして、〝フォークが売れる〟時代が始まっていく。

フォークソングが黄金時代を迎えるのにあたり、その後押しとなったのがレコードレーベルだ。日本初のインディーズレーベルとなったURCレコードを始め、エレックレコード、ベルウッド・レコードなどが誕生していった。これだけではなく、大手レコード会社の中にも、フォークソングを扱う専門のレーベルが生まれていく。もっとも画期的だったのが、75年に吉田拓郎、小室等、井上陽水、泉谷しげるによって設立されたフォーライフ・レコードだ。この夢のようなレーベルが、どれだけ野心的であり冒険に満ちていたかは、本文をじっくりと読んでいただきたい。

ヤマハが主催したポプコン（ヤマハポピュラーソングコンテスト）や、全国各地でおこなわれたフォークのコンテストによって、フォークソングの裾野はさらに広がりをみせていく。そしてそれは、新しい若者の音楽＝ニューミュージックへと進化を遂げていくこととなるのだ。

ニューミュージック、J－POP、フォーキー・ミュージックと、指し示す言葉は色々と変化し続けているが、フォークソングのスピリットは今も生き続けているはずだ。それはどんな形で出現してくるのだろうか。地下水脈のように、意外なところから顔を出すのかもしれない。

そのためにも、これまでフォークが歩んできた道を知ることは、とても大切なことだと思う。きっとフォークソングは色々なことを教えてくれる。

フォークソングが教えてくれた

目次

## 第3章　関西フォークとフォークゲリラ

## 第4章 吉田拓郎・南こうせつ・井上陽水……スター誕生！



## 第5章 活性化する野外コンサート

## 第6章 アーティストを支えた、アーティスト自身が作った音楽レーベル

# 第1章

# フォークソングが一番熱かった日

## かぐや姫と吉田拓郎、つま恋コンサート開催

これはとてつもなく大きな事件だった。75年の8月2日から3日にかけて、静岡県掛川市のつま恋多目的広場で、5万人以上の観客を集めたオールナイトのコンサートが催された。一説には7万を超えたという情報もあるのだが、現在のようにオンラインのチケット販売システムなどが確立していなかった時代のこと、正確な入場者数が把握できなかったからなのだ。

出演者は、吉田拓郎とかぐや姫を中心に、ゲストの山本コウタローとウィークエンド、風や山田パンダ、南こうせつのソロセットを交えて、約12時間にわたり繰り広げられた。拓郎のセカンドステージのバッキングを受け持った松任谷正隆グループには、荒井由実やハイ・ファイ・セットも加わっている。

夕方の5時を少しまわったあたりで、先頭バッターの吉田拓郎が登場。頭にバンダナを巻き素肌に白いベストを着てステージに現れた。広い会場を埋め尽くし

た客席からの大歓声に煽られ、1曲目の「あゝ青春」からテンションはマックス。

回想によると、拓郎のバックを受け持ったチト河内とトランザムの面々も、出番を待つ舞台の袖で足をガタつかせていた。誰もが体験したことのない大観衆に緊張しまくり、全員でウイスキーをラッパ飲みしてステージに上がっていったという。

現在では、日本全国で大がかりな野外フェスが開かれていて、10万人を超えるフェスティヴァルも珍しいものではなくなってきている。だが、それよりも遙か昔の70年代半ばのこと、何もかもが未体験で画期的であった。

前例を挙げると、71年に岐阜県恵那郡坂下町（当時）で開かれた全日本フォークジャンボリー（通称、中津川フォークジャンボリー）が2日間で約2万5千人の動員。これが日本で最初の大型野外フェスといわれ、日本のウッドストックとも称された。それよりも、はるかに大きな規模の野外コンサートが企画されたのだ。

日本でそれまでにない大がかりなコンサートをしたい。これは吉田拓郎の発案であった。彼の頭の中には、69年に約40万人の観客を集めたロックイヴェント、ウッドストック・フェスティヴァルや、ボブ・ディランとザ・バンドがおこなった大がかりなコンサートツアーがあったのではないかと思う。

当時の所属事務所であったユイ音楽工房の後藤由多加を交え、激論が交わされていく。開催場所の選定だが、沢山の人が集まることのできる場所、周りに住居がなく大きな音が出せる場所、もちろんアクセスが便利なほうがいい。これらの条件で最初はスキー場のゲレンデではどうだろうかとの案がでた。

そうこうするうちに候補地となったのが、静岡県掛川市のヤマハリゾートつま恋の中にあった多目的広場だ。この場所はもともと、プロスポーツの合宿所、競技会の会場として活用されていたところだ。

日本を代表する楽器メーカーであるヤマハ（日本楽器）は、三重県志摩市に合歓《ねむ》の郷《さと》という総合リゾート施設をもっていた。音楽合宿をしながらテニスやキャンプを楽しもう、といった趣旨で作られた場所で、ここの野外ホールでは70年から84年まで、16回にわたって合歓ジャズ・インというジャズのイヴェントがひらかれていた。渡辺貞夫、日野皓正、山下洋輔、菊地雅章といった日本のトッププレイヤーだけでなく、チック・コリア、ハービー・ハンコック、フィル・ウッズなどが出演し、夏の野外フェスとして定着していた。

また、ヤマハリゾートつま恋と同じ敷地内にあるエキシビションホールでは、ヤマハポピュラーソングコンテスト（略称、ポプコン）の本選会が開かれていた。このポプコンからは、中島みゆき、小坂恭子、谷山浩子、世良公則&ツイストなどが輩出されている。

こういった先例もあり、ヤマハ関連の施設が候補にあがったのではないかと思う。がしかし、まだまだ問題は山積み。掛川市までの観客の移動はどうするのか？　舞台はどう設営するのか？　これだけの大人数が集まってトイレは足りるのか？　夏の真っ盛りのこと、健康面での配慮は大丈夫なのか？　かつて71年の中津川フォークジャンボリーではライヴの最中に騒乱が起こり、イヴェントが中断になってしまったことがある。観客をコントロールできるだろうか、これも大きな課題になっていた。大型コンサートのノウハウがないままに、必死の努力で準備が進められていったのだ。

この日のステージ写真を見ると、野外フェスには付きものの大型スクリーンなどはなく、実にシンプルなレイアウトだ。テントを張った大きな舞台があり、その両脇には巨大スピーカーが積み重ねられている。当時の掛川市の人口は約6万人。それと同じくらいの人数が一カ所に集まることなど、誰が予想できただろうか。

会場のつま恋多目的広場の最寄り駅である掛川駅は、東海道新幹線のこだまの停車駅である静岡と浜松の中間の場所にあり、在来線を乗り継いで辿り着くしかない。駅からがまた距離があり、バスに乗っても15分以上かかる。そのバスの本数が少なかったために、歩いて会場に向かう人も多かった。当時の写真で、ハイキングに行くような格好をした若者が多いのは、このせいもあったのだ。

前日から徹夜で並んだ6千人に加え、朝早くから会場に着いた約3万人が開場を待つ。本来は正午の開場予定だったのだが、混乱をさけるために午前9時に繰り上げられた。今では考えられないことなのだが全席自由。つまりは、誰よりも早く並べば一番前で見ることもできたのだ。噂では1カ月前から入場ゲート前にテントを張っていた組もいたとか。混乱もなく入場ができたのは、奇跡だと言ってもいいだろう。

会場に入ってから開演の午後5時まで、そこには灼熱の太陽が待ち構えていた。当時の週刊誌の記事をみると「売れたコーラが12万本、アイスクリームが6万個」とあるが、日射病で手当てを受ける人も続出した。ともあれ、大事故も暴動も起きずに無事に終わることができたのは、様々なミュージシャンが出演するロック系のコンサートではなく、集まったのが吉田拓郎のファンであり、かぐや姫のファンだったからかもしれない。

## 灼熱の太陽を浴び始まったコンサートは夜明けまで続いた

夕方から始まった吉田拓郎のファーストステージは、「あゝ青春」「花酔曲」で始まり、拓郎の「朝までやります、朝までやるよー！」の絶叫でさらに白熱化していく。午後5時から6時20分までの最初のステージで歌ったのは、全部で20曲。MCもそれほどなく、ことのほかハイペースであった。

「ペニーレインでバーボン」や「人生を語らず」といった傑作曲に加え、「今日までそして明日から」や「やせっぽちのブルース」といった初期の作品を歌ったり、ヴァラエティ豊かな選曲で熱唱した。

かぐや姫がこのつま恋に出演した時、彼らはすでに解散した後であった。71年に、南こうせつ、伊勢正三、山田パンダのラインナップで第2期かぐや姫を結成した三人は、75年4月12日の東京神田共立講堂でのコンサートを最後に解散する。つまりは、つま恋コンサートは4カ月ぶりの再結成であったのだ。

南こうせつは「ヤングギター」誌のインタヴューで、「解散したグループがたまたま集まることがあってもいいじゃない、という気持ちなのね。かっこよく言うと、CSN&Yみたいな感じでね。で、ともかく満員のお客さんの前で歌えるんだったら、ぼくは嬉しい。それだけだよ」と、当夜のことを語っている。

かぐや姫は、あたりが薄暗くなってきた午後6時50分頃に、つま恋のステージに登場し、「人生は流行ステップ」で軽やかにスタートしていく。客席と熱いコール&レスポンスを交わした後に「あの人の手紙」を歌うなど、かぐや姫ならではのステージングだ。解散したとはいえ、人気も実力も絶頂期だったグループらしい、実に堂々としたパフォーマンスだ。

かぐや姫はこのあと、午後12時近くになり日付が変わる頃に三人だけで再登場し、「赤ちょうちん」から始めるヒット曲を披露。一旦「神田川」で締め括り、その後は、伊勢正三が新たに元・猫の大久保一久と組んだ風のステージを展開、さらに山田パンダのソロステージ、南こうせつのステージと続いていく。

風は、かぐや姫解散直前の75年の2月に、シングル「22才の別れ」でデビューした。この曲はもともと、伊勢正三がかぐや姫の74年のアルバム『三階建の詩』のために書き下ろしたもので、発表当初から話題になっていた曲だ。結局はかぐや姫としてのシングルでは発売されず、あらためて風のデビュー作となったのだ。発売されるなりオリコンで第1位を獲得、年間チャートでも7位に輝き70万枚を超えるヒットとなった。デビュー曲が大ヒット、デビュー直後のコンサートが、5万人以上をあつめたつま恋のステージと、ずいぶんとラッキーなスタートをきったものだと思う。その「22才の別れ」は、風セットの最後で歌われている。

ヒートアップした吉田拓郎のステージのあとに出た、山本コウタローとウィークエンドは、さぞや大変だったと思う。午後11時頃に出場し、「東京のうた」やヒット曲の「岬めぐり」などを歌った。

観衆に圧倒されることもなく、いつもながらのマイペースで演奏しているのは、山本コウタローの人柄だろうか。山本は「走れコウタロー」で話題となったソルティー・シュガーの元メンバーで、グループ解散後は高田渡やシバが結成した武蔵野タンポポ団の一員として活動していた。

72年にはソロアルバム『卒業記念』を発表。このアルバムには、細野晴臣、松本隆、鈴木茂といった元はっぴいえんどの面々に加え、はちみつぱいの鈴木慶一、和田博巳、本多信介、渡辺勝なども参加している。そのアルバム収録曲の「1972年6月26日晴」は、吉田拓郎と四角佳子との結婚式当日の模様を歌にしたもの。

その後の74年に、黒崎とかずみの森一美、ピピ&コットを組んでいた板垣秀雄の二人を誘い、山本コウタローとウィークエンドを結成。デビューシングルの「岬めぐり」がオリコンの5位に輝くヒットとなったが、この曲はフォークソングの愛唱歌としていまだに親しまれている。

吉田拓郎は、つま恋のコンサートで合計3度登場している。トップバッターをつとめたあとの午後9時からのセカンドステージでは、荒井由実やハイ・ファイ・セットをコーラス隊に交えた松任谷正隆グループがバックを受け持った。「夏休み」から始まり、「旅の宿」や「結婚しようよ」を織り交ぜながら快調に飛ばしていく。セカンドステージのラストは、ハーモニカを首にかけた弾き語りのスタイルで「されど私の人生」を歌った。

午前3時からのステージが、当夜の最後のプログラムとなった。このファイナルステージではテレキャスターを片手に歌いまくる。バックは瀬尾一三が指揮をするオーケストラ編成。声も枯れ、体力も限界に近づきながらも「立ちな、立ちな」と客席を煽り続ける。5万人以上が総立ちになったところで、「マークII」が始まっていく。

最後の曲の「人間なんて」のイントロが始まると、客席からは自然とコーラスと手拍子が沸き起こる。その会場全体が一体となった光景を、拓郎がステージの最前面に立ち感極まったように眺めていたシーンが印象に残っている。

まさに燃え尽きるような絶唱。声にならないような声で歌い続けていく。7分を超える大熱演のあと、ギターを叩きつけるように振り下ろしステージを降りて行った。拓郎が去ったステージの背後からは、きれいな朝焼けが顔を出していた。

吉田拓郎は、このつま恋の奇跡のステージで自信を得て、79年に愛知県の三河湾に浮かぶ篠島に2万4千人を集めた「アイランド・コンサート in 篠島」(ゲスト、小室等、長渕剛)、85年に再びつま恋で「ONE LAST NIGHT IN つま恋」(ゲスト、浜田省吾、武田鉄矢、高中正義、アルフィー、かぐや姫、その他)といったビッグなイヴェントを開催していった。

南こうせつも、九州各地で「サマーピクニック」を開催。81年から始まったこのイヴェントは、90年まで毎年連続しておこなわれ、サザンオールスターズ、山下久美子、松山千春、長渕剛、イルカ、チャゲ&飛鳥など、毎回豪華なゲストが招かれた。「サマーピクニック」の10年間の累積観客数は21万5千人となる。

吉田拓郎とかぐや姫は、2006年に伝説を巻き起こしフォークソングの聖地となったつま恋に舞い戻り、「吉田拓郎&かぐや姫コンサート in つま恋 2

006」と題された31年目の同窓会コンサートを開催した。吉田拓郎とかぐや姫が歌う「旧友再会・フォーエバーヤング」でスタートし、かまやつひろし、中島みゆき、石川鷹彦がゲストとして参加。約3万5千人の観客の前で、熱い歌声を響かせたのであった。

## コラム　ポプコンと中島みゆき

ポプコンとは、ヤマハが主催するヤマハポピュラーソングコンテストの愛称のこと。このポプコンからは、中島みゆき、高木麻早、因幡晃、世良公則&ツイスト、円広志、クリスタルキング、伊藤敏博、あみん、辛島美登里といった、錚々たる才能が羽ばたいている。

全国各地の地区大会を経て、次第に勝ち進み決勝の本選会に出場する、というのはヤマハのライトミュージックコンテストと同じなのだが、ポプコンの場合は器楽演奏や歌唱ではなく、作曲を競うコンテストだった。69年にスタートし、それが次第に作曲コンテストから自作自演中心へと変わっていく。このポプコンに優勝すると、自動的にその年の暮れにおこなわれる世界歌謡祭の出場資格を得ることができる。

75年につま恋エキシビションホールで開かれた本選会では、中島みゆきが「時代」を歌いグランプリを獲得。優秀曲賞は、「わかって下さい」の因幡晃が受賞した。中島は前回の大会では入賞にとどまっただけに、満を持しての出場となった。

チャゲ&飛鳥は78年、79年に出場。どちらも入賞だったのだが、これがきっかけとなりワーナー・パイオニアから「ひとり咲き」でデビューすることとなるのだ。78年の春の大会では、佐野元春が出場し「Do What You Like」で作曲賞を受賞、長渕剛はソルティードッグを率いて「巡恋歌」を熱演し入賞をはたしている。

ヤマハは、このポプコンと連動した「コッキーポップ」というラジオ番組を持っていた。大石吾朗が司会をつとめたこの番組からも多くのヒットが生まれていった。雅夢「愛はかげろう」、高木麻早「ひとりぼっちの部屋」、相曽晴日「コーヒーハウスにて」、明日香「花ぬすびと」、小泉まさみ+こんがりトースト「おやすみ」などがヒットした。中でもNSP（ニューサディスティックピンク）は「コッキーポップ」らしいグループで、「夕暮れ時はさびしそう」「さようなら」などが番組の中でよく流れていたのを覚えている。

# 第2章

# 日本のフォークソングが始まった

## カレッジフォークの誕生

フォークソングという言葉は、いつ頃日本に入ってきたのだろうか。ボブ・ディランのシングル盤が初めて出たのが65年のこと、日本コロムビアから「ホームシック・ブルース」（原題は「サブタレニアン・ホームシック・ブルース」）としてリリースされた。その時のキャッチコピーが「ウエスタン調ロックにつづる哀愁」。なんとも時代がかった言い回しだ。

ウエスタンという言葉が使われているのは、この前の時代に、日本でカントリー＆ウエスタンのブームがあったからだ。戦後になって日本にアメリカの文化が怒濤のように押し寄せてくる。そのひとつが映画であり、中でもジョン・ウエインが主演した「黄色いリボン」のような西部劇映画がもてはやされた。テンガロンハット、金属の拍車のついたカウボーイブーツ、二丁拳銃、そんなものが戦後の日本人には目新しかったのだろう。

日本でもたくさんのカントリー&ウエスタンバンドが登場してきた。いかりや長介や加藤茶のザ・ドリフターズの前身バンドが、サンズ・オブ・ドリフターズという正統派カントリーバンドだったのをご存じだろうか。紆余曲折あり、このバンドを引き継いだ碇矢長一（いかりや長介）が、ミッキー・カーチスのバックバンドのクレージーウエストにいた加藤英文（加藤茶）と、仲本興喜（仲本工事）らを誘い、新たに組み直しコミックバンドに移行したのが、いかりや長介とザ・ドリフターズだったのだ。

カントリーバンドの一部はロカビリーに転身していくのだが、それはさておき、かつて日本にカントリー&ウエスタンの大ブームがあったのだ。その証拠に、ピックガードの付いたドレッドノートタイプのギターは、ウエスタンギターと呼ばれていた。その名称がフォークギターに変わったのは、フォークソングのブームが巻き起こったからなのだ。

日本でフォークソングのアルバム（当時はアナログ盤）が出始めたのは60年代

の初頭。最初はアメリカ民謡といった呼び方をされ、ジョーン・バエズの日本デビューの際のコピーは「野生の民謡歌手」であった。

その後、アメリカのフォークリヴァイヴァルと呼応する形で、日本でもモダンフォークのブームが沸き起こる。その三大巨頭といえば、「グリーンフィールズ」を歌ったブラザーズ・フォー、「グリーンバック・ダラー」や「トム・ドゥーリー」をヒットさせたキングストン・トリオ、そして男女三人組のピーター、ポール＆マリーだ。

実はこれらのグループは、純粋にフォークソングのフィールドから出てきたわけではなく、フォークソングブームに当て込んで作られたグループだったのだ。ブラザーズ・フォーとキングストン・トリオは、大学のグリー・クラブ（男声合唱団）の出身。ピーター、ポール＆マリーの三人は、それぞれコメディアンだったり歌手だったり、別々の活動をしていたのだが、ボブ・ディランを育てたことでも知られるマネージャーのアルバート・グロスマンが彼らを集め、フォークソングのグループに仕立てたのだ。

彼らの服装をよくみると、細身のスーツに短髪、それに顎髭というのは、フォークソングのファッションではなく、ビートニク（ビート・ジェネレーション）の典型のようなスタイルをしているのだ。

アメリカのフォークソングブームに飛びついたのが、日本の大学生だった。これは、ボタンダウンのシャツに、足下はローファーというアイヴィールックの流行と連鎖していたと思う。芝生の植えられたキャンパスで、アイヴィーファッションに身を包み、ギターを片手にフォークソングを歌う。こんなイメージを想像していただきたい。これが60年代初頭の最新トレンドであったのだ。

モダンフォークは、特に東京で盛んで、どれだけのグループがいただろうか。立教大学を中心としたヴェークランド・カルテット、石川鷹彦が在籍していたフォーク・ウィンズ、明治学院と日大の混成だったハミング・バーズ、そしてフォーク界のスーパーグループであったモダン・フォーク・カルテットには、真木壮一郎（マイク真木）や麻田浩、重見康一、吉田勝宣が在籍。ＹＭＯの細野晴臣もモダンフォーク出身で、学生時代にはオックスドライヴァーズを率いてキングストン・トリオを歌っていた。

こうした中から、日本語のオリジナルソングを歌うグループが出てきた。そうなればレコード会社も放っておかない。「小さな日記」のフォー・セインツ、「海は恋してる」のザ・リガニーズ、「朝焼けの中に」のモダン・フォーク・フェローズ、「おはなし」のキャッスル・アンド・ゲイツ、「今日も夢みる」の万里村れいとザ・タイム・セラーズなどがデビューしていった。これは蛇足になるが、放送作家出身で直木賞作家にもなった景山民夫は、モダン・フォーク・フェローズでウッドベースを弾いていた。

これらのグループは、大学生が中心だったことから、カレッジポップス、カレッジフォークと呼ばれた。この一群から生まれたのが、映画監督の黒澤明の息子である黒澤久雄がヴォーカルをつとめるザ・ブロードサイド・フォーだ。デビューシングルの「若者たち」は、66年に田中邦衛、山本圭、佐藤オリエ、橋本功などが出演した同名のドラマ「若者たち」の主題歌となり大ヒットした。

このドラマは、2014年に妻夫木聡、瑛太、満島ひかり、柄本佑らが出演しリメイクされたのだが、この際には森山直太朗が主題歌の「若者たち」を歌った。ブロードサイド・フォーは、続く「星に祈りを」もヒットし、もっとも成功したカレッジフォークのグループとなった。

森山良子も東京のカレッジフォークのシーンから出てきたひとりだ。彼女はジョーン・バエズのレパートリーを得意としていたことから「日本のバエズ」とも呼ばれた。67年に「この広い野原いっぱい」でレコードデビュー。この歌は銀座の画廊を訪れた時に見つけたスケッチブックに書かれていた詩に、森山自身が曲をつけたもの。透き通るように澄んだ声で歌われ、大ヒットとなっていった。

## 「バラが咲いた」の大ヒット

日本のオリジナルフォークソング第一号といえば、やはりマイク真木の「バラが咲いた」になるだろう。66年に日本フィリップス・レコードから発売され大ヒットとなり、真木は同年暮れのNHK紅白歌合戦にも出場した。

マイク真木（現在の表記は眞木）は、東京のカレッジフォークの中心的な存在だったモダン・フォーク・カルテットの出身。メンバーの麻田浩はのちにソロになり、アメリカの南部に渡り、アルバム『グリーティング・フロム・ナッシュビル』を発表した。その後彼はトムス・キャビンを立ち上げ、招聘プロモーターとしてトム・ウェイツやエルヴィス・コステロなどを日本に招いた。

66年の4月に発売されたマイク真木の「バラが咲いた」は、30万枚以上を売り上げ、日本にフォークのブームを巻き起こした。また、67年にはいち早く、日本で最初のフォークロックグループ、ザ・マイクスを結成。このグループには、のちにプロデューサーとして和田アキ子や松崎しげるを手掛けるロビー和田（和田良知）、ソロデビューし「みんな夢の中」をヒットさせる高田恭子などが在籍していた。ザ・マイクスの「野ばらの小径」は、日本のソフト・ロックの先駆けとして再評価されている。

若者がギターを片手に歌うのがフォークソング。このイメージを定着させたのが、マイク真木「バラが咲いた」だと言ってもいいだろう。それまでの歌謡曲とは違い、洋楽のテイストをまとった音楽として認知された。これはグループサウンズと同じように、新しいジャンルを築き上げたのだ。

日本最初のフォークソングである「バラが咲いた」だが、マイク真木のオリジナル曲ではない。作詞作曲をしたのは、西郷輝彦「星のフラメンコ」や石原裕次郎「夜霧よ今夜も有難う」などの作者の浜口庫之助。ハマクラの愛称でも親しまれた彼はバンドマンの出身で、洋楽にも精通したモダンなセンスを持っていた。その洋楽的な要素と、日本特有の土着的な部分とをミックスするのが、とても上手い作家だ。

ザ・ブロードサイド・フォーの「若者たち」も職業作家の手によるもので、作詞は演出家で劇作家の藤田敏雄、作曲は黒澤明の一連の作品や特撮映画など、数多くの映画音楽を書いた作曲家の佐藤勝であった。

「バラが咲いた」にしても「若者たち」にしても、日本で最初のフォークソングが自作自演ではなく、プロの作家の手によって作られたのは興味深い出来事だったと思う。

## ザ・フォーク・クルセダーズ「帰って来たヨッパライ」

67年12月25日にザ・フォーク・クルセダーズのシングル「帰って来たヨッパライ」が発売された。先に深夜放送で話題になっていたこともあり、瞬く間に大ヒットとなっていった。翌年の2月には200万枚突破の記念パーティーが開かれている。なお年間の売り上げは第1位を僅差で千昌夫「星影のワルツ」に譲り、第2位であった。

ともかく異例だった。ザ・フォーク・クルセダーズ（以下フォークル）は、すでに解散の決まったアマチュアバンドであった。「帰って来たヨッパライ」は、その解散記念に自主制作したアルバム『ハレンチ』からのシングルカットであったのだが、こんな曲が大ヒットになった例は他に知らない。

歌詞の内容は、酔っ払い運転で死んでしまった男が天国に行き、酒を呑み続けていたら神様から追い出しをくらった、というまったくナンセンスなもの。テープの回転を変えた不思議な声で歌われていて、神様が酔っ払いをたしなめる声が入っているところがミソ。これが何かとても斬新に感じられた。大人から子供までがこの曲に夢中になったのだが、その売れ方はダッコちゃんやフラフープ、もう少し新しく言えばたまごっちのように、流行アイテムとしてのそれに近かったのではないかと思う。

発売までの経緯を書いておこう。ザ・フォーク・クルセダーズが結成されたのは、60年代の半ば頃。加藤和彦が雑誌「メンズクラブ」にメンバー募集の告知を出したことに始まる。「メンズクラブ」は当時少なかった男性向けのファッション誌で、流行のアイヴィー/トラッドを中心とした紙面構成だった。メンバー募集の文面には「フォーク・コーラスを作ろう。当方、バンジョーと12弦ギター有。フォークの好きな方連絡待つ」とある。なお、加藤が投稿したこの号（65年9月号）の表紙は、奇遇にもバンジョーを抱えている写真だった。

短い文章ながら目をひいたと思う。当時バンジョーと12弦ギターを所有しているというのは、かなりのアドヴァンテージがある。まずは北山修が自転車で加藤の家を訪れる。北山の他に、平沼義男、井村幹生、芦田雅喜が集まり、フォーク・クルセダーズが結成される。

加藤和彦は龍谷大学の学生、北山修は京都府立医科大学2年生だった。井村幹生と芦田雅喜は浪人生で、一番若い平沼義男はまだ高校生だった。グループ名を訳せば、フォークの十字軍。ジョー・サンプルやウィルトン・フェルダーが在籍していたアメリカのジャズグループ、ジャズ・クルセイダーズをもじって付けられた。

彼らのレパートリーはかなり凝ったもので、古い民謡でニュー・クリスティー・ミンストレルズなども歌っていた「ドリンキン・グァード」、民謡研究家のアラン・ロマックスが採譜しピート・シーガーやボブ・ディランも取りあげていた「ディンクの歌」、もともとはカリプソナンバーでハリー・ベラフォンテの持ち歌であった「女の子は強い（マン・スマート）」。この曲に日本語の歌詞をのせて歌ったり、他のグループがあまり取りあげないような曲が多かった。

これは加藤和彦のセンスだったのだろうか、沢山のレコードを聴き込んでいないと、出てこないような曲ばかりだ。キューバ民謡の「グァンタナメラ」や、日本民謡の「ソーラン節」をフォークアレンジで演奏するなど、京都のフォークグループの中でも抜きんでた存在だったと思う。

60年代といえば、東京では様々なサークルが誕生しカレッジフォークのブームが巻き起こっていたが、関西でもフォークソングは盛んだった。京都にはアマチュアバンドを中心としたカレッジアン・クラブがあったが、フォークソング系ならばＡＦＬ（アソシエイティッド・フォーク・ローリスト）が頑張っていて、円山野外音楽堂や京都会館でコンサートを主催した。

このＡＦＬは、後にフォークルのメンバーとなるドゥーディィ・ランブラーズのはしだのりひこ、それにフォークルのメンバーらによって立ち上げられたものだ。当時は他に、杉田二郎がいたモダンルーツ・シンガーズ、後に作曲家となる梅垣達志のグリティ・グリーメン、赤い鳥を結成する後藤悦治郎が在籍していたフーツエミールなどが京都のフォークシーンを彩っていた。

フォークルだが、受験のため井村と芦田が抜け三人組になるが、晴れて大学生となった芦田が復帰。その後、芦田はシベリア鉄道に乗ってヨーロッパに旅行に行くという理由で再度グループから離れている。

この間に彼らは、東京でのコンサートに招かれたり、当時人気のあった朝のテレビ番組「ヤング720」にも出演している。活動機会の多かったフォークルだがそれぞれが学生であり、卒業や学業が控えていた。ならば解散しようと、その記念として自主制作されたのが『ハレンチ』であった。67年の夏に録音を始め、9月には完成している。

アルバムジャケットは、加藤の友人でデザインの仕事をやっていた松山猛が手掛けた。蛍光色を大胆に使い、中央には三人のイラストが描かれている。サイケデリックな字体の「ハレンチ」という言葉からしても、フォークソングのアルバムには見えないだろう。300枚プレスされ、友人たちに買ってもらった。

アルバム『ハレンチ』には、NHKの人形劇のテーマをフォークソングにアレンジした「ひょうたん島」や、メキシコ民謡の「ラ・バンバ」など、幅広い曲が収められている。フォークルの結成当初の目標が世界の民謡を歌うこと、だったそうなのだが、カリプソチューンなども取りあげられている。

セレンディピティ・シンガーズの「雨を降らせないで（Don't Let the Rain Come Down）」のカヴァーの中に、フランク永井「有楽町で逢いましょう」、山田真二「哀愁の街に霧が降る」、石原裕次郎「錆びたナイフ」、園まり「夢は夜ひらく」といった歌謡曲の一節を盛り込んだパートを挿入するなど、遊び心も満載。モダンフォークのグループとして抜群の力量を持ち、それに加えてウィットも忘れない。これがフォークルの人気の秘密だったと思う。こうした流れで、「帰って来たヨッパライ」が作られた。

「帰って来たヨッパライ」は、加藤和彦と友人の松山猛が炬燵にはいって遊んでいるうちに出来上がった。作詞のクレジットはフォーク・パロディ・ギャングとなっているが、これは松山猛が作ったベーシックな歌詞に、北山修が台詞を入れたりアレンジをした結果、共作のような形になったからだ。

題材からしてユニークな曲なのだが、あの変な声で歌われなかったのなら、これだけの評判を呼ばなかったはずだ。あの変な声はテープレコーダーの再生速度を変えることで出来上がっている。遅い回転数でゆっくりと録音し、それを正常の回転で再生すると、あの虫のような変な声が誕生するのだ。

この変な声には歴史がある。58年にアメリカで発売されたシェブ・ウーリー「ロックを踊る宇宙人（The Purple People Eater）」が、その変声ヒットの開祖であると言われている。変声を使ったこの曲は、全米チャートで第1位を記録した。この変声（録音用語ではピッチシフトと呼ばれている）は、シマリスの3兄弟が活躍するアニメ「アルビンとチップマンクス（邦題は「わんぱく三人組」）」でも使われた。

磁気式のテープレコーダーを使い、それまでに無かったサウンドを作りだす技法は、戦前の映画音楽の音響効果で使われ始め、多重録音の開祖であるレス・ポールが作った楽曲で完成された。いわばテクノロジーが生んだ新しい音楽だといえるのだ。ともあれ加藤和彦が、シェブ・ウーリーやレス・ポールにまで目を光らせていたのには驚かされる。

「帰って来たヨッパライ」には様々な音楽が引用されている。神様の台詞のバックではオッフェンバックの「天国と地獄」が12弦ギターで演奏され、間奏のピアノは、ザ・ビートルズの「グッド・デイ・サンシャイン」と同じフレーズが弾かれていて、最後の読経は途中から同じくビートルズの「ビートルズがやって来るヤァ！ヤァ！ヤァ！（ア・ハード・デイズ・ナイト）」の歌詞に変わっていく。そしてベートーヴェン作の「エリーゼのために」でエンディングを迎える。

これだけの音を重ねて録っていくのは大変だったと思う。今のようにデジタルの時代なら造作もないのだが、アナログのテープレコーダーしかなかった時代の話。そのテープレコーダーは、北山修の妹が英語の勉強用にもっていたものを借りたという。また変声は、「牛が歩いている映像を見ながら録音しました」と、当時のインタヴューで答えていたが、これは加藤和彦流のジョークだったと思う。

あまり取り沙汰されることがないのだが、この曲はリズムが素晴らしい。まったくのアコースティックな演奏でありながらも強力なビートが感じられるのは、加藤和彦の弾くギターのキレがいいからなのだ。少しハネ気味のストロークは、フォークにありがちな2ビートではなく、ロックンロールの8ビートのリズムに則っている。

こんなグルーヴ感のある演奏は、普通のフォークソンググループからは生まれない。「帰って来たヨッパライ」はフォークソングの曲として認知されているかと思うのだが、これは日本語のロックの先駆である。それも最初から先進的なサウンドだったのだ。

これで「帰って来たヨッパライ」が単なるノヴェルティソングではなく、多種多様な音楽的な要素の詰まった曲であったことを理解していただけたかと思う。

## わずか10カ月の活動でフォーク史に名を残したフォークル

北山修が父親に借金をして自主制作したアルバム『ハレンチ』なのだが、30

0枚（一説には250枚とも言われている）がすぐにさばけるわけでもなく、せっかく作ったのだからとラジオ局にかけてくれるようお願いして回った。関西の局はほぼすべて周り、その中にはMBSラジオの「MBSヤングタウン」や、ラジオ関西「ミッドナイトフォーク」などがあった。

どのラジオ局が最初にかけたのかは諸説あるのだが、「帰って来たヨッパライ」のような曲を聴いたら、時代の流れに機敏なディレクターや番組パーソナリティーは落ち着いていられなくなる。同時多発的に放送され、相互的に評判になっていったと思う。これが67年の秋の話だ。

67年10月25日の第1回フォークキャンプ・コンサートへの出演を最後に、ザ・フォーク・クルセダーズは解散する。その頃からラジオのオンエアをきっかけに放送局に問い合わせが殺到し、レコード会社各社からもレコード化の話が舞い込む。原盤権の争奪戦が起こったのだが、見事に射止めたのはパシフィック音楽出版の朝妻一郎だった。

かくして「帰って来たヨッパライ」は、東芝音楽工業から「ソーラン節」とのカップリングで発売された。このシングルは、オリコンができてから最初のミリオンシングルとなったのだ。フォークルが東芝を選んだのは、ビートルズを販売しているレコード会社だったから、という話もある。

一躍人気者になったフォークルには、当然のようにプロデビューの話がもちかけられる。がしかし解散してしまったグループだった。もう一度活動するのには再結成するしかない。その再結成に乗り気だったのは北山修で、加藤和彦は就職先が決まりかけていたこともあり躊躇していた。

北山の再三の説得に折れ、期限を付けることでプロデビューに同意する。もうひとりの平沼義男は家業を継がなくてはならず、参加を固辞した。そこで目を付けたのが、AFLの仲間で以前から知りあいであったドゥーディィ・ランブラーズのはしだのりひこだった。これで新生フォーク・クルセダーズの凸凹トリオが勢ぞろいしたのだ。

加藤和彦、北山修、はしだのりひこのフォークルだが、1年だけの再結成でスタートをきった。「帰って来たヨッパライ」が発売された67年12月25日を出発点として、翌年の10月には「フォークル・フェアウェル・コンサート」を全国各地で開いている。

つまりは10カ月弱の活動期間になるのだが、その1年たらずの間に、9枚のシングル（1枚は解散後にリリース）、3枚のアルバムを制作した。さらにこの間に、大島渚が監督した映画「帰って来たヨッパライ」に主演、冠テレビ番組の「メイト・7　クルセダーズとともに」に出演。「当世今様民謡大温習会（はれんちりさいたる）」と題されたコンサートを京都、大阪、名古屋、東京でおこなっている。さぞや忙しい毎日だったと思う。

「帰って来たヨッパライ」の大ヒットでデビューしたフォークルのセカンドシングルは、アルバム『ハレンチ』にも収められていた「イムジン河」に決まった。この曲は、フォークルのブレーンでもあった松山猛が、サッカーの試合の申し込みにいった先の朝鮮学校で聞いて覚えた曲だった。一度聞いて気に入り、すぐにメロディーを覚えてしまったという。

曲の詳細を知ったきっかけは、鴨川にかかる九条大橋のたもとで知り合ったサックスを吹く少年。その彼にメロディーを口ずさむと、曲のタイトルと歌詞を教えてくれた。松山はその歌詞を辞書を引きながら訳し、自分の言葉を付け加え日本語の歌詞にしていった。フォークルにはもともと、世界の民謡を歌いたいという野望があった。メロディーのきれいな「イムジン河」はすぐに気に入られ、彼らのレパートリーになっていった。

シングル「イムジン河」は東芝から出すにあたり、はしだを加えた新生フォークルの三人で再録音された。ありたあきら（小杉仁三の別名）によるストリングスアレンジも素晴らしく名曲に仕上がった。ジャケットの印刷まで終わっていたのだが、リリース予定日の前日に発売が中止になってしまう。

理由はレコード会社の政治的な配慮。メンバーらが思っていたような作者不詳の民謡ではなく、作詞、作曲者がいたこと。訳詞した歌詞の意味合いが微妙に違っていたことなどが挙げられるのだが、中止の最大の理由は、これらがトラブルの原因になることをレコード会社が嫌ったからではないかと思う。

こんなことでめげるフォークルではない。「イムジン河」に代わる曲として「悲しくてやりきれない」を発表する。この曲を加藤は、フジパシフィックの会長室に軟禁された状態で作った。その際に、「イムジン河」のコードの順番を逆にして作曲したというエピソードが残っているが、これは加藤和彦ならではのウィットに富んだジョークだと思う。

## コラム フォークソングと歌謡曲

今、手元にヤングフォーク誌の増刊号「年鑑ヤングフォーク ジャンボ'78」(講談社刊)がある。目次を見ると、「吉田拓郎『大いなる人』全曲集」があり、全曲の楽譜とインタヴューが載っている。他にも「谷村新司『黒い鷲』曲集」、「冬休み直前 基本をマスターするための右手の特訓!」という記事があり、まさにフォークソングの雑誌という感じだ。

ところが巻頭のグラビアを見ていくと、狩人、ピンク・レディ、ダウン・タウン・ブギウギ・バンドと続き、フォークソングはひとつも出てこない。70年代当時よくあった楽譜(コード譜)を中心とした雑誌で、あくまでも雑誌の名前は「ヤングフォーク」なのだが、表紙には中島みゆき、清水健太郎、高田みづえ、イルカ、桜田淳子、松任谷由実の写真が並んでいる。

フォークソング=若者のうた、フォークソング=弾き語りの可能な歌、と解釈すれば納得できるのだが、このように、フォークソング、歌謡曲、ニューミュージックの境界線が曖昧になったのは78年頃からだろうか。

60年代に目をむけると、千賀かほる「真夜中のギター」や、中山千夏「あなたの心に」のように、歌謡フィールドから出てきたはずなのに、フォークソングのイメージをまとった曲がヒットしている。反戦歌を歌う学生運動の闘士というふれこみでデビューした新谷のり子は、元クラブ歌手。「フランシーヌの場合」も、フォークソングというよりもシャンソンに近い曲想であった。

フォークソングと歌謡曲の壁を撃破したのは、天地真理と浅田美代子だったと思う。仕事が終わり夕食が済んだあとに、屋根の上に登り白いギターで弾き語りをする。ともに久世光彦が演出したドラマ「時間ですよ」のワンシーンなのだが、こんな昭和の光景がフォークソングのイメージとしてお茶の間に定着した。これを見て、「フォークソングを歌ってみたい」と思った少年少女が、さぞや多かったのではないかと想像する。

# 第3章

# 関西フォークとフォークゲリラ

## 関西フォークの台頭

関西フォークという言い方が聞かれるようになったのは、60年代の末頃からだ。言葉通りに関西出身のフォークシンガーならば判り易いのだが、もう少し違った意味合いを持っている。

関西のフォークソングに注目が集まるようになったのは、ザ・フォーク・クルセダーズ「帰って来たヨッパライ」が大ヒットしてからだ。

関西には面白いグループがいるぞと、杉田二郎の第一期ジローズ、谷村新司がいたロック・キャンディーズ、「今はもうだれも」のウッディ・ウー、第二の「帰って来たヨッパライ」になり損ねた「女と男」を歌ったリトル・マギー、「坊や大きくならないで」のマイケルズなどがいた。ただこれらは、東京のカレッジフォークの流れをくむグループで、関西フォークと称された一派とは、また異なっている。言い換えれば、そのカレッジフォークのカウンターとして出てきたのが、関西フォークだったのだ。

名前を挙げると、高石友也（現在は高石ともや）、五つの赤い風船、加川良、中川五郎、中川イサトなどがいる。他にも、高田渡や友部正人など、関西出身者ではないシンガーもいるのだが、その頃関西を拠点に活動していたのだ。

特徴は、東京の大学生を中心としたカレッジフォークに反発し、もっと生活的でメッセージ色の強い歌をうたいだした一派となる。もっと言えば、アンダーグラウンドで、ラジオやテレビでは流されることのない類いの音楽であった。サブカルチャーと言い換えてもいいだろう。非商業的で反体制の雰囲気を持っていた。

初期の関西フォークは、アングラフォークとも呼ばれた。この言葉も使い方が難しく、本来のアンダーグラウンドの意味に用いられず、フォーク・クルセダーズの「帰って来たヨッパライ」のようにテープの早回しを使った曲をアングラと呼んだ。

つまりは、フォークルの二番煎じのように登場したダーツの「ケメ子の歌」は、早回しを使っているからアングラであった。一風変わった奇妙なもの、ギミックのあるもの＝アングラだったのだろうか。

確かにそんな要素が、初期の関西フォークにはあったのだ。のちに〝フォークの神様〟と崇められるようになった岡林信康だが、最初に世に知られた曲は、「くそくらえ節」だった。学校の先生から政治家、宗教家、小説家までが、完膚なきまでにこき下ろされていく。

この曲で岡林はビクター・レコードと契約、68年にデビューする話になっていたのだが、「くそくらえ」はあまりにも下品だと言われ、タイトルを「ほんじゃまあおじゃまします」に変更される。がしかし、それでも歌詞が過激すぎると言われ、結局は発売中止になってしまう。後にURCレコードからシングルで出るのだが、こちらも発売直後に民間放送連盟による要注意歌謡曲指定、いわゆる放送禁止の処分を受けてしまう。

高石友也を有名にした68年の「受験生ブルース」も、コミカルでノヴェルティの要素の強い曲だ。この曲の中にも、テープを操作した変声が登場してくる。同じように、高田渡の「自衛隊に入ろう」も皮肉たっぷりの歌詞で歌われている。これが反語であると知らず、防衛庁がPRに使わせて欲しいと言ったとか言わなかったとか。ともあれ、ビザールで風変わりな要素が、初期の関西フォークにはあったのだ。

## URCレコードの設立

その関西フォークの発火点になったのが、URCレコードだ。もともとは会員制で、会費を払うとレコードが配布されるというシステムでスタートした。母体となったのは、高石友也のマネージメントオフィスとして大阪で作られた高石音楽事務所（後の音楽舎）。

社長の秦政明は、大学時代にうたごえ運動に参加し、卒業後はクラシックの音楽家を日本に招くイヴェント会社に就職した。独立しアート・プロモーションを設立し、海外からのタレントの招聘などをおこなっていた。秦が高石の事務所を作ったのは、これからはフォークソングの時代であると考えたからだ。

フォークソングの現場をみていくと、せっかく面白いシンガーがいながらも、それを出すレコード会社がない。そこにはレコード制作基準倫理委員会（通称レコ倫）の規制もあっただろう。公序良俗に反していたり、政治的なメッセージの強い曲は発売することができない。ならば、自分たちで作って、自分たちで販売しよう。それがＵＲＣレコードの前身となる、アングラ・レコード・クラブの考えであった。

これは斬新で大胆な発想だ。レコード会社は古い体質を持っていて、製造（プレス）とレコード店への配給を既存のレコード会社が取り仕切っている。それを打ち破り、自主制作、自主配給を試みたのは革命的であったといえる。

これは、まだそれほど売れるとは思われなかったフォーク関係のレコードだったこと、関東ではなく関西にその拠点があったことも無関係ではなかったのだろう。

秦政明の会社は、音楽出版部のアート音楽出版をもっており、ここでフォークの情報誌「うたうたうた～フォーク・リポート」を発行していた。この雑誌で会員を募った。当時の募集の文面には「すぐれてはいても商業ベースにのり得ないものを集めて、私達自身の手でレコード化し、クラブ会員のみを対象として、レコードを製作配布します」とある。

会員制アングラ・レコード・クラブの第1回の配布は、69年2月におこなわれた、ミューテーション・ファクトリー「イムジン河」と、トリン・コーン・ソン「坊や大きくならないで」のシングル盤だった。

ミューテーション・ファクトリーは、発売中止になったフォークル「イムジン河」の訳詞をレコードで残しておきたいと、フォークルのブレーンであり同曲を訳した松山猛、アマチュア時代のフォークルのメンバーであった平沼義男と芦田雅喜で結成されたグループ。B面には、朝鮮語版の「リムジンガン」が収められた。こんな曲が出せるのは、まさにアングラ・レコード・クラブだけだ。

アルバム（30㎝ LP）の第一回配布は、高田渡と五つの赤い風船によるスプリットアルバム。「自衛隊に入ろう」で話題となっていた渡と、「遠い世界に」の五つの赤い風船の組み合わせは強力だった。

69年4月の第2回配布は、岡林信康「くそくらえ節」、高田渡「大・ダイジェスト版三億円強奪事件の唄」と、これまた問題作であった。アルバムのほうは、小室等率いる六文銭と、プロテストソングを歌っていた中川五郎の組み合わせによるLPだった。

会費は一回につき2000円。5回分を完納した会員にはボーナスレコード（特典）が送られた。ちなみに、70年の正月に配布されたボーナスレコードは、「御年玉」のタイトルで、高田渡や岡林信康が参加した「大ダイジェスト版　三億円強奪事件の唄」と、西岡たかしのソロの曲で「砂漠」のカップリング。

当初1000人の限定だった会員だが、希望者が多かったことから2000人となった。会員制の配布は第5回まで進み、五つの赤い風船の中川イサトと藤原秀子のそれぞれのソロ、ザ・ムッシュ、赤い鳥の「お父帰れや（B面は「竹田の子守唄」）」、アルバムでは、休みの国と岡林信康のスプリットアルバム、『世界のプロテストソング』、『第四回フォークキャンプコンサート』が配布された。

あまりに反響が大きかったために、新たにURCレコードを設立し一般販売を始めたのは69年8月のこと。第1回の新譜となったのが、岡林信康『わたしを断罪せよ　岡林信康フォーク・アルバム第一集』と、五つの赤い風船『おとぎばなし』、それに新宿西口広場におけるフォークゲリラの活動をドキュメントした17cmコンパクト盤『新宿1969年6月』。販売は既存の配給をとおさず、レコード店や楽器店と直接販売契約を結ぶことで進められた。これはアート音楽出版のフォーク誌「うたうたうた～フォーク・リポート」が既に販路を持っていたことから、スムースにおこなわれたと思う。

ＵＲＣレコードの素晴らしさは、すべてが自由だったことに尽きる。言い方を変えれば、どうすれば売れるとか、どういう広告を出したら大きなセールスになるといったことを考えずに、手作りでレコードを制作していったことだ。ある意味では、この素人の集団が一番の強みでもあったのだ。まさに日本のインディーズの原点だ。

レコード制作時のディレクション（サウンドプロデュース）をミュージシャンがおこなったのもユニークだ。岡林信康の初めてのアルバム『わたしを断罪せよ』のディレクターは西岡たかし、友部正人のデビューアルバム『大阪へやって来た』は、ミュージシャンでアート音楽出版の社員でもあった岩井宏が担当している。それだけでなく、ジャケット・デザインに矢吹申彦や真崎守を起用したり、このようなセンスはＵＲＣレコードならではのものだった。

## 続々と誕生したURCレコードの名盤

URCレコードの名作を挙げておこう。69年に発売された『わたしを断罪せよ岡林信康フォーク・アルバム第一集』には、谷野ひとし、つのだ・ひろ、木田高介といったザ・ジャックスのメンバーが参加。「それで自由になったのかい」や、フォークゲリラの集会でもよく歌われた「友よ」の入ったアルバムは、ニューミュージック・マガジン誌が選んだ第一回日本のロック賞の金賞を受賞した。

五つの赤い風船の『おとぎばなし』は、彼らの初めてのフルアルバムとなる。「まぼろしのつばさと共に」や「時計」など名曲ぞろいで、ベストセラーを記録した。その五つの赤い風船とのスプリットアルバムでデビューした高田渡は、69年に『汽車が田舎を通るそのとき』を発表している。女性をスタジオに招き入れ、まるでラジオ番組でも収録するような雰囲気で進められていくのだが、どこか話が合わないようなところもあり、そのリアリティーが面白い。「銭がなけりゃ」や「鉱夫の祈り」など、高田渡節ともいえる名曲も多いが、全体を通してのナイーヴな語り口は、他のアルバムでは味わえないものだ。

大塚まさじと永井洋によるザ・ディランIIは、72年に『きのうの思い出に別れをつげるんだもの』を発表した。代表曲である「プカプカ（みなみの不演不唱）」や「サーカスにはピエロが」が入っていることから、人気の高いアルバムだ。なお、アルバムの最後にシークレットトラックとして、春歌の「満鉄小唄」が収められている。

友部正人の72年のデビューアルバム『大阪へやって来た』に衝撃を受けた方も多いかと思う。しわがれた声そのものが自身の人生を語っているようなシンガーだ。トーキングブルースのスタイルで歌われる「大阪へやって来た」は、脳天に響くほどに痛烈であった。

高石友也の「受験生ブルース」の原作詞者でもある中川五郎は、若きプロテストソングの旗手として登場した。69年のアルバム『終り　はじまる』には、そんなメッセージ色の強い曲が並んでいる。バックにジャックスの谷野ひとしや木田高介が参加し、ロックンロールを演奏しているのも興味深い。

エンケンこと遠藤賢司の初めてのアルバム『ｎｉｙａｇｏ』は、70年の4月に発表された。このアルバムには、はっぴいえんどの細野晴臣、鈴木茂、松本隆が参加している。はっぴいえんどをバックミュージシャンに起用したのはＵＲＣレコードらしい先見だ。フォークに留まらず、日本語のロックへと通じる道筋を作っていった。

そのはっぴいえんどは、70年に『はっぴいえんど（通称「ゆでめん」）』でアルバムデビューした。フォークソングのレーベルでありながらも、このような作品を生み落としたのは、まさにＵＲＣレコードならではの功績だ。サウンド作りに関しては、当時アート音楽出版の社員であった小倉栄司（小倉エージ）の存在が大きい。小倉は中村とうようらが主催した音楽雑誌ニューミュージック・マガジンの立ち上げに関わり、その後も音楽評論家として活躍する。

高田渡と行動をともにし弾き語りによる日本語のブルースを開拓したシバ、闇を切り裂くような激烈な唱法を聞かせる三上寛、若き哲学者と呼ばれた斉藤哲夫、他にも坂本まもるや野沢享司といった才能を発掘していったのも、URCレコードの功績だといえる。

そういった意味でも、女性シンガーソングライターの草分けといえる金延幸子のアルバム『み空』は再評価の高いアルバムだ。彼女は先にURCからシングルを出した愚（中川イサト、瀬尾一三、松田幸一）のメンバーで、この流れからソロデビューを果たした。ディレクションは、はっぴいえんどの細野晴臣と、レコーディングエンジニアでもある吉野金次が担当した。

URCレコードのスターといえば、中津川で行われた全日本フォークジャンボリーで大人気をはくした加川良がいる。加川はアート音楽出版の社員で、高田渡などを担当していた。その影響もあり自分も歌いだし、フォークジャンボリーに飛び入り出演したことをきっかけにアルバムを制作する。

71年の『教訓』には、最近になり杏がカヴァーしたことで話題になった「教訓I」が収められている。この歌は加川が偶然目にした上野瞭の本に掲載されていた「教訓ソノ一」という詩にメロディーを乗せたもの。命のスペアはないから、逃げなさい隠れなさい、というメッセージは、今の世の中でも深く心に突き刺さってくる。

フォークソングの一時代を築いたURCレコードだが、74年を境に風向きが変わってくる。大手レコード会社がフォークソングのレコードを出すようになり、看板シンガーが徐々に移籍していくこととなるのだ。しかしURCレコードのスピリットは途絶えたわけではない。

宮里ひろし、中島光一、ひがしのひとし、古川豪など、関西地方で活躍していたフォークシンガーのレコードを積極的にリリースするようになる。他にも、福岡出身の吉田孝司、札幌のスカイドッグ・ブルース・バンド、名古屋の伴よしかずなど、実力がありながらも埋もれていたミュージシャンを発掘したのも、後期のURCレコードの大きな功績となるのだ。

## 新宿西口にフォークゲリラが登場

60年代の末期の新宿にフォークゲリラが出現した。新聞の一面をフォークソングの文字が飾ったのは、これが初めてではなかっただろうか。

フォークゲリラのフォークはフォークソングのことであり、ゲリラはキューバ革命時にチェ・ゲバラが用いたような奇襲作戦を指し示す。フォークゲリラとは、この二つを組み合わせた造語で、つまりはフォークソングを歌うことによって社会変革を起こそうという動きだった。

68年の冬頃から新宿の西口地下広場に集まり、数人がギターを片手に歌い始めた。もともとは大阪のベ平連（ベトナムに平和を！市民連合）の連中がハンパク

（反戦のための万国博覧会）の宣伝のために上京し、新宿の西口で歌ったのが始まりだといわれている。

当時はフォークキャラバンの名の下に、全国を歌い歩く運動があった。移動手段はヒッチハイクと鈍行列車での旅、宿など予約せず誰かの友達の家にでも泊めてもらうか、それもなければ公園で野宿。それが当時の若者のスタイルだった。西口でのフォーク集会は、最初はそれほどの人数ではなかったのだが、69年の春になると600人を超えるほどの若者が集まるようになっていく。彼らのレパートリーは、アメリカの公民権運動でも歌われた「勝利を我等に（ウィ・シャル・オーヴァーカム）」や、ピート・シーガーの曲に中川五郎が日本語の歌詞をのせた「腰まで泥まみれ」、当時の首相だった佐藤栄作を皮肉った「栄チャンのバラード」、「受験生ブルース」を替え歌にした「機動隊ブルース」などの反戦歌やプロテストソング。それに日本では労働歌としても歌われる「インターナショナル」も加わり、最後は岡林信康の作った「友よ」を全員で大合唱して締めくくるのが定例だ。

最盛期の西口地下広場には7千人とも1万人ともいわれる人々が集まった。当時の写真を見ると、広場がぎっしりと人で埋め尽くされているのが判るが、学生だけでなく、会社帰りのサラリーマンの姿も見える。構内の柱を背にギターを持った若者が立ち、人々を扇動するようにプロテストソングを絶唱する。あちこちでカンパを求める声があがり、片方ではアジ演説をはじめるグループもいる。広場は祭のように化していった。

これには警察も黙ってはいない。この地下広場は東京の災害復興計画の一環として作られた公共施設であり、もともと集会をしたりカンパをしたりすることが禁止されていた場所なのだ。通常の妨げになる、騒音がすさまじく迷惑だといったクレームも入るようになり、人数が多くなり始めた頃から警察官が注意して回るのだが、多勢に無勢、野次馬や見物人を含めてどんどんと人が押し寄せるようになってしまう。

大きな衝突があったのは、69年6月28日の土曜日のこと。集まった人々と機動隊とがぶつかり合った。当時の新聞によると、フォーク集会が終わりデモ行進をしようと出口に向かったところ、そこに約800人の機動隊が待ち構えていた。一部の学生運動家から投石があり、それを制止しようと機動隊からは催涙ガス弾が発射される。広場は大混乱。64名の逮捕者が出た。

デモ隊側からすれば、思想も論理もあったかと思う。がしかし投石などの暴力行為に出れば、それは鎮圧という反作用が加わってしまう。暴力が暴力を生むという最悪のループ。これはいつの時代も変わらないのだろうか。

広場が広場でなくなったのは7月18日のこと。「西口地下広場」という案内標識が消され、「西口地下通路」に書き換えられたのだ。そして、「立ち止まらないでください、立ち止まらないでください、ここは広場ではありません通路です」のアナウンスが響き渡った。つまりは道路交通法を盾に広場での集会を規制したというわけだ。

新宿西口通路でのフォーク集会は、これを機に灯が途絶えてしまう。しかしフォークゲリラそのものがいなくなったわけではない。蒲田駅前、数寄屋橋広場、江古田駅など、様々な場所へと散っていたのだ。このフォーク集会は全国的な動きともなり、札幌で京都で盛岡で福岡でと各地で集会が開かれた。名古屋では、栄にあった老舗デパートのオリエンタル中村の前が、その拠点となった。栄解放戦線と名付けられた一派の中には、いとうたかおや朝野由彦や、若き日の友部正人もいた。

## べ平連による反戦運動

では、何がいったい若者たちをフォークゲリラに駆り立てたのだろう。それを知るためには、69年（昭和44年）がどのような時代だったのかを見なければならない。世界的な情勢をみると、ヴェトナム戦争は泥沼化し凄惨さを増していた。

それに反発するために日本でも「ベトナムに平和を!市民連合」(略称、ベ平連)が組織された。ベ平連は作家の小田実や評論家の鶴見俊輔、作家の開高健、映画評論家の佐藤忠男などが呼びかけ人になって作られた。会の規約も名簿もなく、無党派で誰でもが参加できる市民運動であったこともあり、全国各地に広まりをみせていた。

ベ平連の幹部の一部は、アメリカ軍から脱走してきた兵士をかくまい、彼らを国外に脱出させるミッションをおこなっていた。そんな記事が「週刊アンポ」に載っていたのを覚えている。週刊アンポは69年の11月に創刊された週刊誌(隔週刊)だ。

アンポとは日本とアメリカとの間で結ばれた「安全保障条約」のこと。ある意味では、日本がアメリカの属国であると取られかねない条約だ。60年の新安保条約調印時には、これに反対する学生や労働者による多数のデモ隊で国会周辺が埋め尽くされた。70年にはこのアンポが自動延長されるために、それを阻止する動きが起こっていた。テレビの記録映像などを見ると、60年代末期のデモ隊が「アンポー粉砕」と叫んでいるのを聞くと思うが、このことであるのだ。

週刊アンポはべ平連の活動から生まれた雑誌なのだが、横尾忠則、赤瀬川原平、長新太、佐々木マキ、粟津潔などが表紙を担当し、大江健三郎、小松左京、寺山修司などが小説を寄せ、福地泡介、ジョージ秋山、園山俊二、手塚治虫がコミックを寄稿、といった具合に異様なほど豪華な執筆陣を有していた。これらがすべて原稿料無料で提供されたというから驚いてしまう。それだけの強い関心が、日本の文化人の間にあったという証左でもある。

学園闘争も盛んな時期だった。大学に入学したものの学校は左翼学生によってバリケード封鎖されている。もちろん授業もおこなわれない。当時の若者は、そんな体験をした。東京大学の入試が中止されたのも69年のことだ。フォークゲリラが出現した69年前後は、誰もが社会に無関心でいられない。まさにそんな政治の時代だったのだ。

漫画家の真崎守に「共犯幻想」という作品がある。真崎は手塚治虫の虫プロダクションでアニメーションの演出などをした後に独立。ヤングコミックや月刊少年マガジンなどを舞台に、「ジロがゆく」「はみだし野郎の子守唄」などの問題作を描いた。また、峠あかねの名前で漫画評論などもおこなっていた。

「共犯幻想」の主人公のひとりの幸夫は、クラシックのピアニストを目指し練習に励む高校生。その彼が新宿西口のフォークゲリラの歌声を耳にし、もうひとりの自分を発見してしまう。ピアノのレッスンをサボりギターに夢中になり、西口広場のフォーク集会に参加するようになる。ここまではよかったのだが、機動隊との衝突に巻き込まれ、ジュラルミンの盾の一撃にあい大切な右手の指を二本失ってしまうのだ。

これはコミックの中の寓話であると同時に、実際に起きうる事態でもあった。このような恐怖は、フォークゲリラにも、デモに参加する人たちにもあったと思う。自身の主張を表明することには、何らかのリスクが付きまとう。熱に浮かれたように夢中に行動していても、どこかにそんな不安があったはずだ。

　学生運動に参加したことで、学歴を失い、就職を諦め、人生を狂わせ、それどころか自分の命まで落としてしまった若者がいる。主義を貫くということは、このような過酷な運命が付きまとうものだ。それでも行動せずにはいられなかった。それが60年代末期の日本だったのだ。

　今から思うと不思議でならない。現在ならば、ストリートで歌うのは珍しいことでもなんでもない。そして、ある程度までの安全は保証されていると思う。フォークゲリラのような歌をうたうことも、自身の裁量において自由だ。様々な代償を支払ってまで、歌で世界が変えられると思ったフォークゲリラの面々は、この平和な日々をどんな風に見ているのだろうか。

　アマチュアリズムを貫いたフォークゲリラを、先達のフォークシンガーたちは、どう見ていたのだろうか。実際にフォークゲリラの集会に参加して歌ったのは、高石友也、中川五郎など、ほんの一部のシンガーだけだった。他はほとんど、この動きから距離を置いていたと思う。

高田渡は「東京フォークゲリラの諸君達を語る」という歌を作っている。この曲は、69年にURCレコードから発売になったシングル「自衛隊に入ろう」のB面に収められていた。この中で渡は、フォークゲリラを「エリートさん」と呼び、「カッコいいヒーローたち」とも言っている。そしてフォークゲリラは「関西フォークはもう限界がきた」と言い、高田渡は「でも関西フォークの大昔のレパートリーを歌っている」と反撃する。

高田渡流の諧謔《かいぎゃく》や反語が混じっているので判り難いかもしれないのだが、フォークゲリラはエリートの学生たちがやっていることで、関西フォークの連中が作った歌を勝手に歌っているだけ。新しいものは何も作り出していない。そんなことが言いたかったのだろう。ただこれもすべてが本音ではなかったように思う。マスコミが作り出したフォークゲリラという現象を、トピカルソングの手法で批判したのだった。

確かにフォークゲリラは新たなものを作り出したわけではない。歌うという行為を武器に、自分たちのメッセージを伝えようとした。ただこれは、職業として歌を選び取ったフォークシンガーとは、おのずから歌うことへの覚悟が違っていたと思う。

誰も味方のいない舞台の上で、集まった多くの観衆を相手に立ち向かう。一挙一動がすべて矢面に立たされ、すべてが自身の責任となっていく。こうした覚悟がなければプロの歌い手とは呼べないはずだ。今では考えられないことなのだが、レコード会社と契約し、プロとしてギャラをもらって歌うフォークシンガーを、左翼運動家の一部は、商業主義であると批判した。

大メジャーレーベルに入り、潤沢に金を使い企業タイアップの曲ばかりのアルバムを作り、その売り上げで贅沢に暮らす。これならば商業主義と呼ばれても仕方がないかもしれない。ところが、レーベルは弱小インディーズ、ギャランティーといっても交通費や宿泊費を引けばどれだけ残るか。そんなシンガーも、商業主義だといわれたのだ。信じられるだろうか。

当時の進歩的な左翼系学生らにとって、資本主義は悪であった。フォークはそもそも民衆のものであり、それでお金を稼ぐことはまかりならぬ、という考え方だ。この商業主義の問題は、71年に中津川でおこなわれた全日本フォークジャンボリーでも再燃することとなる。このことが発端となり、ジャンボリーは中断され、そのまま中止になってしまうのだ。

べ平連についても、少しだけ追記しておこう。市民を巻き込んだ政治運動としては成功を収めたのだが、91年に、ソビエト連邦の崩壊によって当時の極秘文書が公開された。

これによると、KGB（ソ連国家保安委員会）がべ平連に接触しており、脱走兵を国外に脱出させる運動の資金援助をしていたという。これには批判が出て、さらにその反論も出ている。ともあれ、無党派であることを前面に出しながらも、特定の政治的な団体と関わった可能性があることは問題だ。

## 反戦フォーク、プロテストソング

初期のフォークソングを語るうえで、必ず出てくるのがプロテストソングという言葉だ。日本語では抗議の歌と訳されることがあるが、思想的、政治的な信条を歌に託して訴えるものだ。60年代のアメリカでの公民権運動の時には、「ウィ・シャル・オーヴァーカム」がそのアンセムとなり、ジョーン・バエズやピート・シーガー、ボブ・ディランなどにも歌われた。

抵抗の歌なら日本にもある。そう考えたのが高田渡だった。彼は明治大正期の演歌師である添田唖蝉坊の歌を発掘し、自身でも歌いはじめた。唖蝉坊の手法は、権力や権威を揶揄することだ。その諧謔によって批判する。高田の「自衛隊に入ろう」や、加川良の「教訓I」などは、まさにそうした歌だ。声高に糾弾するのではなく、笑いをコーティングしながら鋭く突き刺していく。

新宿西口広場でのフォークゲリラも同じような手法をとった。「受験生ブルース」の歌詞を変え替え歌にした「機動隊ブルース」などがその好例だ。他にも中川五郎は、ピート・シーガーの曲に日本語の歌詞をのせた「腰まで泥まみれ」という傑作を残している。

がしかし、〝我々の歌〟を歌うだけがプロテストではない。より個人的に自身の中の葛藤や思惑を歌うことも、またひとつのプロテストではないだろうか。そう思ったフォークシンガーたちは、ラヴソングを歌うようになっていくのだ。

エリック・アンダーセンの「カム・トゥ・マイ・ベッドサイド」ほど色々なシンガーに歌われた曲はない。タイトルは「僕のそばにおいでよ」だったりと様々なのだが、岡林信康、高石友也、中川五郎、加藤和彦などによって歌われている。自分自身の内側に光を当てて、愛と性を語る。これも革命であり、新しい形のプロテストであったのだと思う。

## コラム　加川良が歌った「教訓Ｉ」

コロナ禍によるステイホームの真っ只中の4月に、女優の杏が弾き語りで加川良の「教訓Ｉ」をカヴァーした映像をアップした。今の世情にもマッチするメッセージ性の強い歌詞が話題となり、４００万回を超える視聴数を記録している。杏自身はユーチューブのコメント欄でこのように書いている。「自分のことを守ることが、外に出ざるを得ない人を守ることになる。利己と利他が循環するように、一人ひとりが今、できることを」と。

加川良の「教訓Ｉ」はどのようにして生まれたのだろうか。加川はもともとフォークソングに興味があったわけではない。学生時代はグループサウンズのヴォーカリストで、プロとして京都のジャズ喫茶（今で言うライヴハウス）に出演していた。大学最後の夏休みに旅行に出かけ、暇つぶしに行ったフォークソングのライヴで「フォーク・リポート」に出会う。この雑誌はＵＲＣレコードの母体のアート音楽出版が出していたもので、ここで見た求人募集に応募して社員になるのだ。

アート音楽出版では、高石友也や高田渡のラジオ用スポット（CM）を担当。これを機に初めてフォークを聞くようになるのだ。その高田渡の影響もあり自身でも歌い始める。とある本屋で上野瞭の書いた「ちょっと変わった人生論」を見つけた。その本の中にあった「教訓ソノ一」という詩の「逃げなさい／隠れなさい」という逆説めいた言葉が目に入り、すぐにメロディーを乗せて作ったのが「教訓I」だった。

2000年に入ってからも、加川良は「教訓I」をよくステージで歌った。会場には懐かしい青春時代の想い出の一曲として、この曲を口ずさもうと待っていた善良なお父さんお母さんたちがいたことだろう。がしかし、「教訓I」の歌詞はそのはるか頭上を火花を散らしながら突き抜けていった。この歌は取扱注意の危険な歌なのだ。それは今も昔も変わらず、決して懐メロなんぞにはなりっこないのだ。

# 第4章

# 吉田拓郎・南こうせつ・井上陽水……スター誕生！

## 吉田拓郎というスター

吉田拓郎（70年から75年5月までは「よしだたくろう」表記）は、70年の4月に広島から上京しエレックレコードに入社する。アーティストとしてレーベルと契約するのではなく、契約社員だったというのが面白いのだが、実際に歌うこと以外の雑務もやっていたようだ。エレックレコードでは、2枚のシングルと4枚のアルバムを残した。

70年にデビューアルバム『青春の詩』をリリースする。タイトル曲の「青春の詩」などもそうなのだが、字余りだ、饒舌すぎると言われた歌い方も、今聴くと意外と長閑《のどか》に聞こえる。歌い方よりも、次から次へと情景を連発していく歌詞の作法の斬新さに驚かされる。

弾き語りながらもロックンロールの鼓動を感じる「今日までそして明日から」や、バックバンドのザ・マックスと一丸となったバンドサウンドを響かせる

「とっぽい男のバラード」など、24歳の若き吉田拓郎が明確に定着されている。

吉田拓郎の人気が本格的になったのは、セカンドアルバム『人間なんて』をリリースした頃からだ。「結婚しようよ」「どうしてこんなに悲しいんだろう」、そして「人間なんて」と、初期の拓郎のマスターピースが揃っているアルバムだ。

「結婚しようよ」はフォークソングの枠組みを大きく超えて大ヒットとなったのだが、同曲が収められたアルバムはエレックレコードから、シングルはCBSソニーからの発売となっている。これはかなり異例なことだ。

その「結婚しようよ」なのだが、若者の結婚観が変わるほど新しい目線で歌詞が描かれている。この部分が一番支持を受けたのだと思う。加藤和彦がおこなったアレンジも斬新で、ハルモニウムやバンジョー、それにスライドギターなどを用いて、ジャグバンド風の楽しげな演出がなされている。参加したのは、加藤を始めとして、小原礼、林立夫、松任谷正隆と、その後の日本のロック／ポップスシーンを彩っていくミュージシャンばかりなのだ。

72年の12月25日に発売されたライヴアルバム『たくろうオン・ステージ第二集』を最後に、吉田拓郎はエレックレコードを去ることとなる。

このアルバムの発売は拓郎に無許可だったために、未だCD化されていないのだが、アルバムの最後に収められた「人間なんて」の熱唱は、若き日の自身に別れを告げているようにも聞こえるのだ。

## 南こうせつとかぐや姫

南こうせつとかぐや姫が歌う「神田川」は、73年9月20日に日本クラウンのPANAMレーベルより、シングル盤で発売された。すぐさま売り上げチャートで第1位を記録、そのまま25週間連続でチャートに登場しロングセラーとなった。

その売り上げは累積160万枚とも200万枚とも言われている。フォークソングの歴史を塗り替えたこの曲が、売れるべき歌として世に出たと思っている方が多いだろうが、発売までには様々な物語が横たわっている。

もともとこの曲はシングル用に作られたものではなく、新生かぐや姫の3枚目のアルバム『かぐや姫さあど』（73年7月20日発売）に収められていた1曲であったのだ。この『さあど』は、かぐや姫の三人のソングライターの個性がよく出たアルバムで、南こうせつ作の「突然さよなら」や、伊勢正三作詞の「アビーロードの街」などの佳曲が収まっている。

最初に先行シングルとして発売されたのは、山田パンダこと山田つぐとが作詞作曲した「僕の胸でおやすみ」だった。この曲は、南こうせつ、伊勢正三、山田パンダの三人による第2期かぐや姫の最初のヒットシングルとなっていった。

さて「神田川」なのだが、最初はあくまでもアルバムの中の1曲として誕生した。当時南こうせつがパーソナリティーを担当していた深夜ラジオ番組の「パックインミュージック」の中でアルバムの曲を2曲ずつ紹介していくコーナーがあった。「神田川」をかけた翌週に「もう一度聞きたい」というリクエストが殺到、これには南こうせつも驚いたかと思う。当時の深夜放送は学生を中心にしてリスナーが多く、絶大なる影響力を持っていた。ザ・フォーク・クルセダーズの「帰って来たヨッパライ」を例に出すまでもなく、深夜の番組から生まれたヒット曲は数多くあった。

「神田川」は深夜放送で火がつき、有線放送でもリクエストが殺到する。そうなればレコード会社でもシングル盤での発売を検討するようになるのだが、その後押しをしたのが、名物ディレクターの馬渕玄三であった。

馬渕は、五木寛之の小説「艶歌」に登場する艶歌の竜こと高円寺竜三のモデルとなった人物。独特の感覚の持ち主で、島倉千代子や水前寺清子などのヒット作を作り上げていた。その馬渕が「神田川」を聞いて、「この曲は歴史に残る名曲になる。これを出さなかったら会社の恥になるぞ」と太鼓判を押したという。

作詞をしたのは喜多條忠。喜多條は、南こうせつが知り合った放送作家で、第1期かぐや姫時代に「マキシーのために」(シングル「変調田原坂」のB面曲)

を書いてもらったのが付き合いの始まりだ。

「神田川」は締め切り日になっても出来上がらず、夕方のギリギリの時間になって喜多條から電話がかかってきた。まだファックスもメールも普及していない時代の話、電話口で歌詞をメモしながら、こうせつはすでにメロディーが浮かんできていたという。

「神田川」の歌詞は、劇画家の村上一夫が描いた「同棲時代」に代表されるような新しい愛のカタチを描いたもので、同棲という言葉の中に潜むノスタルジックで甘酸っぱい響きと共に、多くの共感者を生んだ。青春への切ない憧憬といってもいいのだが、これは70年初頭の学生運動の挫折感とも微妙に共鳴しているように思われてならない。

社会のために生きることを諦め、個人としての生活に埋没していく。そこには現実があり、ささやかな幸せがある。そんな風情がどこかに投影されている。作者の喜多條忠は、74年に単行本「神田川」を発表しているが、その私小説的なエッセーの中には、赤い手ぬぐいをマフラーにしたカップルのその後の物語も書かれている。

叙情派フォークというスタイルをうち立て、日本のフォークソングの歴史を塗り替えていった「神田川」なのだが、この曲を音楽面で捉えてみるとどうであろうか。

曲は武川雅寛の情感たっぷりのヴァイオリンで先導されていく。武川は当時、ロックバンドのはちみつぱいの一員であった。はちみつぱいは、あがた森魚のバックバンドとして誕生し、鈴木慶一を中心に次第にメンバーを整え七人編成のバンドとなっていく。唯一のアルバム『センチメンタル通り』を残して74年に解散してしまうのだが、このアルバムは日本語のロックを語る上で欠かせない名盤となっているのだ。

武川のヴァイオリンに続いて、端正なギターの音色が重なっていく。アレンジを担当したのは、元ザ・ジャックスの木田高介。彼は上條恒彦が六文銭と一緒に歌った「出発《たびだち》の歌〜失なわれた時を求めて〜」の編曲を担当したことをきっかけにアレンジャーの道を進むこととなる。その木田の編曲作品でもっとも売れたのが、この「神田川」になるのだ。

全体のサウンドメイクをよく聞くと、バート・ヤンシュあたりのブリティッシュフォークの影響が感じられる。石川鷹彦の弾くフラットマンドリンのフレーズがさらにそれを強調しているのだが、バックトラックだけを聞いていると、ブリティッシュフォークのようなノーブルな気品が漂ってくる。

これは余談になるのだが、かぐや姫の音楽からザ・ビートルズ的なものを感じることがよくある。例えば「アビーロードの街」のイントロのギターのクリシェは、「ミッシェル」のかぐや姫的な解釈のように聞こえる。山田パンダ作の「黄色い船」のタイトルは「イエロー・サブマリン」からインスパイアされたものだろう。『かぐや姫LIVE』に収められている「22才の別れ」での間奏の石川鷹彦のギターソロは、「ホワイル・マイ・ギター・ジェントリー・ウィープス」にとても雰囲気が似ている。これらはもちろん剽窃《ひょうせつ》といったレベルの低い話ではなく、60年代から70年代にかけて青春を過ごしたミュージシャンに共通する言語だと言ってもいいだろう。日本的だとされるかぐや姫のサウンドだが、ごく自然なかたちで洋楽からの影響も受けているのだ。

## 「神田川」の大ヒット

南こうせつとかぐや姫が「神田川」のヒットと出会うまでを書いておこう。

南こうせつの本名は南高節。1949年の2月13日に、大分県大分市にある禅宗の寺の末っ子として生まれている。洋楽に目覚めたのも早く、エルヴィス・プレスリーやリッキー・ネルソンが大好きで、中尾ミエや坂本九の和製ポップスもお気に入りだったという。

高校時代になるとエレキギターに夢中になりバンドを組んでいる。まさに「青春デンデケデケデケ」のような青春だ。そのエレキ以上に夢中になったのがフォークソング。ギター2台にウッドベースという編成の三人組で、ヤング・フォーク・トリオを結成する。ちなみに、ウッドベースは学校の吹奏楽部に置いてあったものを拝借したという。

レパートリーは、キングストン・トリオやブラザーズ・フォー、ピーター、ポール&マリーと、当時のカレッジフォークの定番路線なのだが、ビージーズの「マサチューセッツ」も取り入れていた。このヤング・フォーク・トリオはヤマハの主催するアマチュアコンテストに出場し、みごと大分県で第1位に輝いている。このグループに、後輩だった伊勢正三が加わっていたという話は、ファンならばご存じだろう。

南こうせつは大学進学を機に上京する。そこで見た東京のフォークシーンは衝撃の連続だったという。遠藤賢司の「夜汽車のブルース」に度肝をぬかれ、岡林信康の痛快なプロテストソングに笑い、ザ・フォーク・クルセダーズの解散コンサートやザ・ジャックスのライヴも体験している。70年にクラウン・レコードが主催した新人オーディションに出場し、南高節の名義でシングル「最後の世界」でソロデビューする。がしかし、評判にならず不発に終わってしまう。

次に考えたことは、グループを結成すること。そこにはザ・フォーク・クルセダーズという手本があったのかもしれないが、同郷の大分から上京してきた大島三平（本名は三明）と森進一郎を誘い、南高節とかぐや姫を結成。この第1期かぐや姫は70年の10月に、フォークルのコミカルな部分を受け継ぎ「酔いどれかぐや姫」でデビューする。深夜放送などで少し話題になったのだが大ヒットまでにはいかず、南高節とかぐや姫は、シングル3枚、アルバム『レッツ・ゴー！かぐや姫』を残して解散することになるのだ。

これで落ち込むこうせつではない。今度はじっくりと自分のやりたい音楽をやりたいと、ヤング・フォーク・トリオ時代の伊勢正三、そして、シュリークスでベースを弾いていた山田パンダ（つぐと）を招き入れ、第2期かぐや姫をスタートさせるのだ。

1951年生まれの伊勢正三は、南こうせつに遅れて上京し、千葉工業大学工学部に進んでいた。結局大学は、かぐや姫に参加したことで中退してしまうのだが。1945年生まれの山田パンダは、九州の佐賀県出身。明治大学工学部に進学し、早稲田の学生を中心としたフォークソンググループ、シュリークスにベーシストとして参加していた。このシュリークスはその後、神部和夫と保坂としえの男女二人組のグループになるのだが、この保坂としえはのちにイルカの名前でソロデビューする。

新生かぐや姫の結成式は、当時こうせつが住んでいた高円寺のラーメン屋の2階でおこなわれた。この時に食べたのがヒラメのバター焼き定食だったのは、ファンの間では有名な話。すぐさまオリジナル曲の制作にかかり、伊勢正三が歌詞を書き、南こうせつがメロディーをつけるというソングライターチームが出来上がった。

71年9月25日に、第2期かぐや姫の最初のシングル「青春」が発売され、日本青年館ホールでおこなわれたレコ発ライヴには吉田拓郎、小室等と六文銭がゲストとして出演した。続いて翌年の2月25日に、セカンドシングル「田中君じゃないか」をリリース。どちらもいい曲ながらも、残念ながら評判にはならなかった。ここまでが南こうせつの不遇時代と言ってもいいだろう。

第2期かぐや姫の待望のアルバム『はじめまして〜かぐや姫フォーク・セッション』が発売されたのは、72年の4月20日のこと。このアルバムは、当時人気絶頂だった吉田拓郎が全面協力。ギターなどで参加するだけでなく、自作の「僕は何をやってもだめな男です」を提供している。

この拓郎の参加がきっかけとなり、当時のフォークソングのアルバムでは異例となる5万枚以上のセールスを記録した。この売れ行きが勢いとなり、同年の11月に東京九段会館で「エロスの匂い」と題されたコンサートを開く。

このイヴェントには、吉田拓郎、山本コウタローといったフォークソング仲間だけでなく、女優の左時枝や、にっかつロマンポルノの白川和子までが出演した。この時のライヴ音源を収録したのが、セカンドアルバム『おんすてーじ』なのだ。MCの面白さ、ステージ運びの楽しさには定評のあった彼らだが、その持ち味がレコードからも存分に伝わってくる。

このようなグループの勢いや、気運のようなものが「神田川」の大ヒットに繋がっていったともいえるのだ。「神田川」は単なるヒット以上の、社会現象のようにもなっていった。

「神田川」は74年には、当時人気のあった関根恵子を主演に映画化されている。監督は、のちに吉永小百合主演の「天国の駅」を撮る出目昌伸。同棲相手の上条真役には草刈正雄が抜擢された。

続くヒット曲の「赤ちょうちん」も映画になっていて、主演は秋吉久美子で、名匠藤田敏八がメガフォンをとっている。70年代のかぐや姫の世界は、フォークソングを超えて時代のアイコンになったと言ってもいいのだろう。

## アルバム『氷の世界』が史上初の100万セールス

日本で最初の100万枚を超えるミリオンセラーアルバムになったのが、井上陽水の『氷の世界』だ。73年12月1日にポリドール・レコードより発売され、35週1位を獲得し100週以上もベスト10内に留まった。ロングセラーとなり、翌年の8月には日本初の100万枚突破を記録。累積の売り上げは140万枚を超えているといわれている。

フォークソングが売れる時代だったわけではない。吉田拓郎（当時の表記はよしだたくろう）が72年に出した「旅の宿」のシングルが、オリコンで1位を記録し70万枚以上の大ヒット。73年にリリースされた井上陽水の「夢の中へ」も、栗田ひろみが主演した映画「放課後」の主題歌になったこともありオリコンのチャートで17位、20万枚近いセールスを記録している。このような予兆はあったにしろ、当時2000円以上もした高価なアルバム（LP盤）が、ばんばんと売れる時代ではなかったのだ。

当時の物価を調べると、高校生の小遣いの平均は2500円から3000円くらいで、月に1枚のアルバムを買うのが精一杯だったはず。ましてレンタルレコードなどはまだない時代の話、少ない小遣いの中からそれを何に使うか、頭を悩ませていたと思う。ついで74年（昭和49年）当時の物価を書いておくと、コーヒー一杯が150円から200円、ラーメンがやはり200円前後、サラリーマンの初任給が7万円台の時代となる。

おまけに井上陽水は、ほとんどテレビに出演しなかった。音楽誌以外のマスコミに顔を出すことが少なく、『氷の世界』を買ったかなりの方は、陽水といえば、もじゃもじゃ頭とサングラス姿しか知らなかったと思う。

アルバムに関して言えば、先行シングルの「心もよう」がヒットしていたとはいえ、それがミリオンに繋がるほどの話題になるとは、誰も想像していなかった。

ではなぜ売れたのか、この『氷の世界』はどんなアルバムなのだろうか。

『氷の世界』のほぼ半分が海外録音だったのをご存じだろうか。当時はまだ海外に渡ってのレコーディングはそれほど多くなく、場所を英国のロンドンに限ってみると、サディスティック・ミカ・バンドの『黒船』よりも早いことになる。

このロンドン行き、実は陽水はそれほど乗り気だったわけでもなく、仕掛けたのはプロデューサーの多賀英典。ミュージシャンを外に連れ出し、新たな緊張感のもとに録音するというのは有意義だったと思う。現地のアレンジャーとしてニック・ハリソンを指名した。ニックはザ・ローリング・ストーンズの「悲しみのアンジー」のストリングアレンジメントをした人物で、他にも、ジョー・コッカーやティル・ナ・ノーグなどの弦アレンジを担当している。

作業を進めるうちに、ストリングアレンジは問題ないのだがリズム録りがあまり得意ではないのが判明する。そこで急遽駆り出されたのが、元モップスの星勝だったのだ。星は何かあった時のバックアップ要員でロンドンに同行したのだが、備えあれば憂いなし。アレンジ面での大活躍を始める。

現地のミュージシャンとしては、アメリカ人でイヴォンヌ・エリマンなどのアルバムに参加していたマーク・ワーナー、後にイアン・ギラン・バンドのメンバーになるレイ・フェンウィック、クォーターマスやハード・スタッフのメンバーだったジョン・ガスタフスン、ソロアルバムを出している女性ピアニストのアン・オデルなどが加わっている。ロンドンで録音された「小春おばさん」を聞いても思うが、壮大な構成をまとっていて、プログレッシヴロック、なかでもキング・クリムゾンのような感触を覚える。

国内での録音メンバーも豪華で、細野晴臣、林立夫といったキャラメル・ママ勢に加え、高中正義、深町純、松岡直也、カウンツ・ジャズ・ロック・バンドの山村隆夫、村上ポンタ秀一などが参加。ライヴアルバム『陽水ライヴ　もどり道』でも共演している、陽水の盟友ともいえるギタリストの安田裕美も、もちろんレコーディングのメンバーに加わっている。

## 得体の知れないエネルギーを持った『氷の世界』

『氷の世界』全体に言えることなのだが、かなり作り込まれたサウンドメイクがなされている。これはもう完全なロックのアルバムだと言ってもいいだろう。タイトルトラックの「氷の世界」は、スティーヴィー・ワンダー「迷信（スーパースティション）」ばりのファンキーなリフが登場してくる。

この1曲をとっても、当時の日本の音楽の中において野心的で実験性に満ちているのが判る。バックのミュージシャンの豪華さが話題を引き寄せたのでは、と思われるかもしれないが、細野晴臣や高中正義にしても、当時はただのスタジオプレイヤーとしてしか見られていなかったと思う。英国勢のミュージシャンについても同じことがいえる。

革新的なサウンドが支持されて『氷の世界』がミリオンセラーになった、とはやはり思えない。陽水のファンが、このようなプログレッシヴなアルバムを望んでいたとも考えにくいのだ。フォークソングらしいフォーマットが出てくるのは、アルバムが始まり6曲目まで進んでから。安田裕美のデリケートなギターが鳴り響く「白い一日」でやっと、弾き語りの井上陽水が出てくるのだ。

当時の陽水のイメージは、アコースティックギターを抱えた〝フォークの陽水〟であったはずだ。それに反旗を翻すようなアルバムを作りながらも大ヒット作になったのは、いったい何故なのだろうか。実のところ、この謎は解明されていない。あえて答えを求めるのなら、時代の勢いだったのかもしれない。『氷の世界』がもつ得体の知れないエネルギーが多くの人々を惹きつけた。

2013年の12月に、NHKBSプレミアムで「井上陽水 ドキュメント『氷の世界40年』~日本初ミリオンセラーアルバムの衝撃とその時代~」が放映された。これはレコード会社の倉庫から発掘された16トラックのマルチテープを聞きながら、関係者が当時を回想するという番組であった。

このプログラムには、陽水本人をはじめとして、担当マネージャーだった川瀬泰雄、プロデューサーの多賀英典、ギタリストの安田裕美、アレンジを担当した星勝などが出演した。この番組の中で井上陽水は、『『氷の世界』ってアルバムは、モンスターになっちゃった。こちらの思惑を超えて、そうなると独り歩きしている感じですよ」と語っている。

井上陽水がいかにして『氷の世界』に辿り着いたかを書いておこう。1948年（昭和23年）8月30日に、福岡県の嘉穂郡幸袋町目尾（現在の飯塚市幸袋地区）で生まれた。陽水は本名で「あきみ」と読む。父親は井上若水《わかみ》で、ともに「水」の字がつくのだ。その父親の跡を継いで歯科医になろうと大学を受験するのだが失敗、翌年に再受験するがこれも失敗、三度目の正直にもならず、そのまま歌手を目指すことになるのだ。こうして歌手、アンドレ・カンドレが誕生する。テープレコーダーを2台使ってデモテープを作り、RKB毎日放送の深夜放送のパーソナリティーに手渡す。この大胆な行動が功を奏し、CBSソニーからデビューすることとなるのだ。69年の9月にシングル「カンドレ・マンドレ」でデビューするが売れず。セカンドシングル「ビューティフル・ワンダフル・バーズ」をリリースするが、いい曲ながらも売れず。アンドレ・カンドレ名義としての最後の作品となった「花にさえ、鳥にさえ」は陽水のオリジナルではなく、松山猛作詞、加藤和彦作曲という「帰って来たヨッパライ」のコンビ。がまたしても売れず、アンドレ・カンドレはシングル3枚をもって終了となる。

アンドレ・カンドレ時代の陽水を聞いて思うのは、ザ・ビートルズの影響が絶大であること。それとソングライターとしての自身を意識するあまりに、他のことに気が回らなくなっていたようにも思う。歌い手としての自覚が生まれたのは、井上陽水《ようすい》に改名してからではないだろうか。ポリドール・レコードに移籍し、シングル「人生が二度あれば」で再デビュー、陽水23歳の時であった。そして72年の5月にアルバム『断絶』を発表。このアルバムに収められていた「傘がない」が話題を呼ぶことになるのだ。

この「傘がない」は、色々と取り沙汰された。世の中の出来事よりも彼女に会いにいくための傘が必要だと歌う歌詞は、シラケ世代を代弁する曲だ、とも言われた。シラケ世代とは、70年を契機に学生運動が沈静化し、政治に無関心な若者が多くなったことをいう。確かにそんなクールな心情が読み込まれていたかもしれないが、陽水に必要だったのは些細な言葉の意味よりも、歌詞の語感そのものだったように思える。

コード進行はグランド・ファンク・レイルロードの「ハート・ブレイカー」に準じている。この進行はポップスの常套句のひとつで、ヒットソングにはありがちな構造だと言ってもいいだろう。陽水が作り出したメロディーに合うのは、「傘がない」という言葉だったと思う。それ以上でもそれ以下でもない。

時代が少し飛ぶが、陽水の曲で82年に発売された「リバーサイドホテル」がある。流麗な旋律に惑わされず、サビの歌詞をじっくりと読んで欲しい。「ホテルはリバーサイド／川沿いリバーサイド」。実に官能的に歌われているので見逃してしまいそうになるが、「川沿い」で「リバーサイド」なのだ。この歌詞に意味を見出すのは不可能だと思う。

井上陽水は歌唱において、類い希なる天才。絶大なる歌唱力を持ったシンガーなのだ。例えば、「工事中です、このドアは開けられません」という言葉でも、陽水の喉を通過すると、それは人々を感動させる歌詞に変わるのだ。触ったものを黄金に変える能力をもったギリシャ神話の神ミダースのように、あらゆる言葉を黄金に変える声帯を持っている。

この天分に陽水自身が気づいたのは、いつ頃だったのだろうか。72年にセカンドアルバムの『陽水II　センチメンタル』を発表した頃には、すでに自覚があったと思う。その歌詞と旋律との不思議な乖離は、同アルバム収録の「東へ西へ」でも感じられる。言葉は言葉同士が連鎖して、どんどんと夢想の世界を跳ね回っていく。メロディーラインは別の意味で奔放になり、バックのサウンドと共に疾走していく。これをコントロールしているのが、井上陽水という歌唱機関であるのだ。

このような見地からみると、井上陽水の世界が理解し易くなるのではと思う。『氷の世界』の冒頭の「あかずの踏切り」の、踏切を挟んで展開される不条理な空間。曲がそのまま繋がっていく「はじまり」の短歌のようなシンプルな歌詞。夢想のような世界から現実に戻るのは、忌野清志郎と井上陽水が共作した「帰れない二人」になるだろうか。互いに1行ずつ歌詞とメロディーを作っていったというが、陽水の暴走を清志郎がなだめているのが面白い。ここでも陽水のビートルズ愛が噴出しているのに注目しておきたい。

もっとも陽水の爆走が顕著なのは「氷の世界」の歌詞になるだろう。「リンゴ売り」とか「指切り」という言葉を乱立させ、結果としてはそれらの言葉の意味そのものを否定していく。

こんな破天荒な歌詞が、それまでの日本の音楽にあっただろうか。「人を傷つけたいな」といった過激な言葉を投げかけ、混沌のまま曲は終盤を迎える。まさに空前絶後のアヴァンギャルドさを持った曲なのだ。

あらためて問うが、このような曲の入ったアルバムが100万枚を超えるビッグなセールスになったのは、やはり謎としか言いようがない。全国民が陽水の催眠術にかかってしまったのではと思うほどなのだ。

こんな魔術師のような井上陽水を、フォークソングの範疇に止めておくのは無理な話だと思う。陽水はアルバム『氷の世界』を完成させたことにより、誰もが到達したことのないほどの高みに自身を押し上げていったのだ。

## コラム　四畳半フォーク

四畳半フォークという言葉には色々な解釈がある。いわゆる、諸説ありなのだ。最初は、高田渡、シバ、若林純夫といった、武蔵野タンポポ団に属する吉祥寺一派に対して、四畳半フォークという形容がつけられたように思う。つまりは、金などなくても志は高く、悠々自適に暮らしているというイメージだ。

そもそも、武蔵野タンポポ団とは、金がなく河原にはえているタンポポを食べていたからタンポポ団と名付けられた。そんな嘘か本当か判らないような逸話が残っているほどだ。四畳半とはどこから出てきた言葉なのか。シバは自作の「淋しい気持ちで」の中で、狭い四畳半では足腰が立たない、まっぴらだ。と、あっけらかんと歌っている。

その次にこの言葉を聞いたのは、南こうせつとかぐや姫が、「神田川」「赤ちょうちん」「妹」と連続してヒットを飛ばしてからだ。四畳半よりもさらに狭い三畳一間に暮らす若いカップルたち、楽しみは赤ちょうちんでおでんをたくさん買うこと。これぞまさに貧乏下宿ワールド、この慎ましい生活ぶりを歌ったのが四畳半フォークであるとされた。

それに異論を唱えたのが松任谷由実だ。「四畳半フォークって言葉、私が考え出したんだよ」と言いだした。これは70年代の中頃に使い出したという。ユーミンが言いたかったのは、私の音楽は四畳半フォークのように貧乏くさいものじゃなくて、バックのミュージシャンも豪華に使った洗煉されたポップス。これこそがニューミュージックよ、そんなニュアンスがあったのではと思う。荒井由実時代に、「私の音楽は四畳半フォークではないから、ジーンズははかない」と宣言したことがあるとかないとか。真相はともあれ、四畳半フォークのカウンターとしてニューミュージックが生まれ、それがシティポップへと進化していったのだと思う。

# 第5章

# 活性化する野外コンサート

## 吉田拓郎のフォークジャンボリー乗っ取り事件

フォークソング史上、もっとも多くの伝説を残したのが全日本フォークジャンボリーだといえる。中津川フォークジャンボリーと呼ばれることもあるが、69年から71年まで、岐阜県恵那郡坂下町（当時）の椛《はな》の湖《こ》湖畔で繰り広げられたイヴェントだ。

日本で最初の大型野外コンサートであったことから、日本のウッドストックと称されることもある。このライヴでは、岡林信康、吉田拓郎、高田渡、加川良などが新しい伝説を生んでいった。

最後の年となった71年の第3回全日本フォークジャンボリーでは、吉田拓郎の「人間なんて」絶唱事件、さらには一部の観客がステージを占拠しコンサートが中止になってしまうという事件まで発生した。サブステージで演奏を始めた吉田拓郎は「観客を煽り、メインステージになだれ込んだ」と、ウィキペディアなどに記してある。さて、その真相はどうだったのだろうか？

その答えを書く前に、フォークジャンボリーの成り立ちと歴史について少し触れてみよう。

全国各地をライヴして回っていた高石友也は、中津川労音（勤労者音楽協議会）の事務局長だった笠木透と話がはずみ、一緒にこの中津川で催し物をしようと計画する。66年頃始まった催しは、最初は現在版の盆踊り大会のようなものだったのだが、それが次第にコンサートの形態に変わっていく。

60年代の末期といえば、フォークソングのブームが沸き起こっていた頃だ。大阪に本拠を置くURCレコードを中心に、岡林信康、五つの赤い風船、中川五郎、高田渡らが台頭してきた時期と重なる。

第1回全日本フォークジャンボリーが開催されたのは69年の8月9日のこと。地元の実行委員会が山を切り開きステージを設営するなど、すべて手作りでおこなわれた。中津川フォークジャンボリーと呼ばれるが、実際は中津川の隣町である下町（現在は中津川市）にある椛の湖の湖畔が会場となった。椛の湖は農業用に作られた人造湖で、大きな湖の脇にいくつものテントサイトがあり、現在ではオートキャンプ場やバーベキューハウスなども完備されている。当然ながら自然に囲まれた場所で、もよりの中央本線坂下駅からバスで25分ほど、徒歩の場合ならば1時間以上はかかるだろう。

第1回の出演者は、高石友也、岡林信康、五つの赤い風船、高田渡、岩井宏、中川五郎といったURC／音楽舎関係のシンガーに加え、東京からジャックス、遠藤賢司、上條恒彦が出演した。集まったのは約2500人、小規模ではあったが、あたたかみのあるいいコンサートであったという。このちょうど1週間後、アメリカのニューヨーク州サリバン郡にあるヤスガーの牧場では、ウッドストック・ミュージック&アート・フェスティヴァルが開催された。

70年の第2回も、同じく8月に椛の湖で2日間にわたり開催された。岡林信康が人気の絶頂にあり、失踪していた岡林の復帰後のライヴということでも話題を呼び、大いに盛り上がりを見せ約８０００人が会場に集まった。この日の岡林信康は、はっぴいえんどをバックに引き連れ大音量でロックを演奏した。

出演者も多彩となり、岡林信康を筆頭に、五つの赤い風船、六文銭、チェコスロヴァキア・スルク大舞踊合唱団、浅川マキ、はっぴいえんど、シバ、高田渡、赤い鳥、山平和彦、斉藤哲夫、ソルティー・シュガー、高橋照幸（休みの国）、金延幸子、加川良、高田渡らが出演した。アマチュアにもステージが開放され、ここには、なぎら健壱、ひがしのひとし、バラーズなどが出ている。

なお、キングレコードの社員であった三浦光紀（後にベルウッド・レコードを設立）は、会社に無断で録音機材を積んで、このフォークジャンボリーに駆けつけている。ステージの上に高価なマイクが並んでいるのは、そのためでもあった。この録音はまったく三浦の独断で、会社にバレれば始末書だけでは済まなかったかもしれないのだが、それでもどうしてもジャンボリーに来たかったという。そのおかげで、数々の名演をＣＤなどで聞くことができるのだ。

独自の世界観を見せつけた五つの赤い風船、高田渡、加川良、岩井宏の三人で3バカトリオと称して飄々としたステージを繰り広げた高田渡、「夜汽車のブルース」の熱唱で客席を圧倒した遠藤賢司、荒々しさと野心が混じり合ったはっぴいえんどの演奏、そしてフォークジャンボリーでロックを歌った岡林信康と、そのどれもが伝説だと言っていいほどの熱演ばかりだ。そして第3回を迎える。

71年の第3回全日本フォークジャンボリーは、一挙に規模が大きくなる。ステージもメインステージだけでなく、ロックのサブステージ、フォークソングのサブステージ、それに加え、手前の黒テントもエントリー制でアマチュアに開放された。入場料は1000円で、集客は2万人とも2万5千人ともいわれている。チケットをもたずに不正に入場したものがいたらしく、正確な人数がつかみきれないのだ。

出演者の数も多くなり、五輪真弓、かまやつひろし、大木トオルとザ・サード、布谷文夫が結成したDew、はちみつぱい、ブルース・クリエイション、ミッキー・カーチス、乱魔堂、ガロ、日野皓正クインテットなど、フォークソングの枠組みでは収まりきらないバンドやシンガーも多く出ている。このことが問題の発端にもなっていくのだ。

## フォークジャンボリー乗っ取り事件の真相

さて、いよいよ吉田拓郎のフォークジャンボリー乗っ取り事件の真相について書いておこう。

吉田拓郎の出演は2日目（8月8日）、フォークソングのサブステージで18時頃からの予定であった。その前に、高田渡、加川良、岩井宏の3バカトリオが演奏を始めている。客席の最前線に、吉田拓郎や六文銭のメンバーが陣取り、盛んに野次を飛ばしている様子が当時の録音として残されている。サブステージは200人も集まればいいほどの小さなステージで、ステージと客席の敷居もそれほどは無かったのだ。

吉田拓郎と高田渡とのやりとりが実に面白い。野次る拓郎に渡が笑いながら「いつか殺してやる」と応酬する。お互いに酒も入っていたことだろう、全員が大爆笑。実はこれには元ネタがあり、「いつか殺してやる」というのはジョージ秋山の漫画「ざんこくベビー」に出てくる決め台詞なのだ。つまりは、険悪な関係にあったわけではなく、あくまでも仲間同士のじゃれ合いであったのだ。

当時のフォークシンガーは、URCレコード派とエレック派、その後のベルウッド派対如月ミュージック／CBSソニー派、といった対立関係で語られることもあるが、楽屋などで顔を合わせる機会も多く、それぞれ仲が良かったのだ。

その後も拓郎は加川良に向かって、「加川良、なんのために立ってるんだ、お前」と野次るが、その拓郎は72年に自身のアルバム『元気です。』の中で、加川良作詞の「加川良の手紙」を吹き込んでいる。

そして事件が起こった。高田渡のステージが終わり、吉田拓郎の出番になると、

ＰＡ（拡声装置）にトラブルが起き、音が出なくなってしまうのだ。そこで客席からリクエストの声がかかり、ＰＡなしの「人間なんて」が始まる。

音が出ないとなれば人数と体力で勝負するしかない、観客を巻き込んで怒濤の大合唱となっていくのだ。この時の拓郎の絶唱こそが本当の伝説だ。声の限りに、体力の限りに叫んでいく。この騒ぎを聞きつけ、小さなサブステージには１０００人近くの観客が押し寄せてくる。

この熱演において、吉田拓郎はフォークジャンボリーを乗っ取ったと言っていいだろう。聞いていた誰もが、拓郎こそが時代のヒーローであると思った。

その後、小室等の「みんなメインステージに行こう！」の言葉を合図に、興奮した全員がメインステージに流れ込み、これがコンサート中止の要因となった、という説がある。実際に小室が発したのは「もうサブステージはやりつくしたので、みんなでメインを見にいこう」という意味であったのだ。決して観客を扇動したわけではない。それと、これは現地に行ってみるとよくわかるのだが、フォークのサブステージはメインステージのすぐ近くにあり、すこし身体を伸ばせばメイン会場が見えるほどの距離なのだ。徒党を組んで行進したとしても、さほどの時間はかからない。

ステージ占拠事件は、拓郎が「人間なんて」を絶唱した数時間後、ジャズシンガー安田南のライヴ中に起こった。メインステージの進行を検証すると、20時過ぎに柳田ヒロ・グループをバックに配した岡林信康が観客を沸かせ、続く三上寛の猥雑な歌が、罵声と大歓声とが入り混じった興奮状態に落とし込んでいく。71年のフォークジャンボリーは、次世代ヒーローの争奪戦でもあった。岡林信康が失踪後にロックに転身し、フォークのヒーローの座は空席になりつつあったのだ。

新たなる英雄の候補のひとりとして名前があがったのが、この三上寛なのだ。長髪が当たり前だった時代にひとりだけ短髪。これだけで目立つのだが、「小便だらけの湖」「犯されたら泣けばいい」というフォークとも演歌ともつかないような歌を絶叫する。このフォークジャンボリーのステージでも、客席から野次られれば「ウルせい、バカ野郎」と応酬。マイクの前に仁王立ちし、早過ぎたパンクのようなステージを展開していくのだ。

「悩み多き者よ」「されど私の人生」を歌った斉藤哲夫も、次世代のヒーローの予感を秘めていた。長髪をなびかせた思慮深そうな顔つきは、まさに若き哲学者と呼ぶのに似つかわしい風貌だった。「斧をもて石を打つが如く」といった文語調の言葉で歌われるメッセージは、若者たちの心に突き刺さっていった。

もうひとりのヒーロー候補が、加川良であった。URCレコードの母体でもあったアート音楽出版の社員だったという経歴も、元グループサウンズのヴォーカルだったという過去も興味深い。アート音楽出版で高田渡の担当をしたことからフォークソングに目覚め、自分でもギターを持って歌い始めるのだ。

その社員時代に、高田渡に連れられて第2回フォークジャンボリーに参加。飛び入りのような形で「教訓I」を歌い、大注目を浴びることとなるのだ。この歌は、最近になり杏がユーチューブ上でカヴァーし話題になったが、「青くなって、しりごみなさい」という反語のような歌詞は今聞いても強烈だ。これこそがフォークソングが教えてくれたことなのではないだろうか。

デビューアルバムの『教訓』には、他にも「戦争しましょう」「伝道」「ゼニの効用力について」といった強靱なメッセージが詰まっている。これらの歌を引き連れて、第3回フォークジャンボリーに参加したのだ。

結論からいえば、ヒーローの座は「人間なんて」を絶唱した吉田拓郎がさらっていった。がしかし、吉田の最大のライヴァルとして着目されていたのが加川良であったのだ。

話をステージ占拠事件に戻そう。

岡林信康、三上寛の次にステージに立ったのは、当時めきめきと実力をあげてきた日野皓正クインテットだった。日野皓正のグループは、もともとマイルス・デイヴィスのようなコンテンポラリーなジャズを得意としていたのだが、70年を境にロックを取り入れ、ジャズロックのスタイルへと進化していた。この時期の演奏なので、フォークジャンボリーの観客にも受けいれられたのではないかと思うのだが、残念ながら証拠となる録音が残っていない。

次に登場したのが、鈴木勲カルテットを従えた安田南だったのだ。安田南はジャズヴォーカリストでありながらも、かなり異色の存在で、クルト・ヴァイル作の「マック・ザ・ナイフ」に日本語の歌詞をつけて歌ったり、アングラ色の強い歌手であった。

その安田が歌っている途中でステージが占拠される。

「帰れ!」「フォークジャンボリー粉砕!」のコールが沸き起こり、安田のマイクを奪って商業主義反対のアジテーションが始まる。この占拠の直前に、会場の入り口付近にヘルメットをかぶった学生運動家らしき集団がたむろしていた、との情報があるのだが、それが誰だったのかは解明されていない。

様々なことへの不満がつのっていたと思う。会場の椛の湖湖畔はトイレや食料も満足になく、雨が降れば足下は泥だらけ。そんな状態でジャズの演奏が続いたのがいけなかったのかもしれない。フォークの祭典として始まりながらも、ジャズやロック勢が多くなったことにも疑問をもっていたのかもしれない。一番の原因は、レコード会社やプロモーターが介入し、商業的なイヴェントとなっていったからかもしれない。テレビの中継は商業主義だと、中継車も車ごと揺すぶられた。レコーディング用の機材を積んだ車の中にいたキングレコードの三浦光紀は、周りを群衆に囲まれながらも中から鍵をかけ、必死に録音テープを守ったという。

ともあれ、ステージはそのままライヴを中断して討論会と化してしまうのだ。このような形で中止になってしまうのも、これも70年代初頭ならではの現象だといえる。そもそもフォークジャンボリーの立ち上げは、商業主義とは無縁の手作りから始まっただけに、何とも残念な結果になってしまう。

これは少し余談だが、日野皓正、安田南のステージの後に、隠し球のような形でプログラムにはない山下洋輔トリオがスタンバイしていた。もしもフォークジャンボリーのステージで、あの山下洋輔の奔放なフリージャズが鳴り響いたのなら、もうひとつの伝説が生まれたかもしれない。それを確かめる手立ては、もう何処にもないのだが。

## 春一番コンサート

毎年、春が来ると春一番コンサートが開かれる。これは関西に住む音楽好きな人たちにとって、欠かせない年中行事のひとつとなっている。第1回は、71年に大阪の天王寺公園の野外音楽堂で開催された。出演者の顔ぶれを見ていくと、高田渡、シバ、友部正人、加川良、中川イサト、ザ・ディランII、金延幸子といったフォークソング勢に加え、神戸のジプシー・ブラッド、大阪のブードゥー・チャイルドなどのロック系も出演している。フォークもロックも、エエもんはエエと出してしまうのが、春一番コンサートの魅力でもあった。

会場の天王寺公園野外音楽堂は独特の雰囲気をもった場所で、すり鉢状の会場は毎回異様な雰囲気に包まれていた。舞台の前で踊り出す酔っ払いのおっちゃんがいたり、少しでもつまらない演奏をすればすぐに野次が飛んでくるし、ふと見れば酒の一升瓶が転がっていたりもする。そんな自由で気ままで楽しさにあふれたイヴェントだ。

71年に始まり79年まで、春一番コンサートはこの野外音楽堂で9回続いた。こんな企てができるのは、福岡風太をおいて他にいないだろう。福岡は映画「ウッドストック」を見て感激し、70年の大阪万博関連の通訳のバイトで貯めた金で、「BE-IN LOVE-ROCK」や「ロック合同葬儀」といった野外イヴェントを仕掛けていた。その彼が天王寺公園を舞台にスタートしたのが、春一番コンサートなのだ。このイヴェントが日本のフォークやロックに及ぼした影響は、本当に大きい。

第2回の出演者は、高田渡、加川良、岩井宏の3バカトリオ、シバ、律とイサト、武蔵野タンポポ団、ザ・ディランII、西岡恭蔵、田中研二、いとうたかお、遠藤賢司、あがた森魚、中川五郎、金延幸子、吉田美奈子、ダッチャ、ロックでは、伊藤銀次のごまのはえ、乱魔堂、小坂忠とフォージョーハーフ、貧苦巣、はちみつぱい、それに、はっぴいえんど。

このラインナップを見ても、春一番コンサートが当時の日本語のフォークソング/ロックシーンを牽引していたのがよく判るだろう。

当日だけのスペシャルセッションが繰り広げられるのも春一の恒例だ。72年を例にとれば、律とイサトのセットに五つの赤い風船の西岡たかしが箕面参助の変名で加わったり、友部正人が歌っているバックに高田渡のマンドリンが鳴り響いたり、いとうたかおが歌う「19才」の後ろで流れているのは、主催者でもある福岡風太が弾くフィドルだ。他にも、遠藤賢司の「カレーライス」に、はちみつぱいの武川雅寛が加わっていたり、この日のはっぴいえんどは、野地義行にベースを任せて細野晴臣はギターに回っている。

春一番が生んだ若きスターといえば、ダッチャ、中塚正人、朝野由彦の三人だ。北海道出身のダッチャは「26号線」を歌い、トリオ・レコードのショーボート・レーベルからソロアルバムを出している。中塚正人はセンチメンタル・シティ・ロマンスもカヴァーしている名曲「風景」の作者であり、朝野由彦は「もっと歌えます」とアコースティックギター一本でロックンロールをしていた。一般的にはそれほどの知名度はなかったかもしれないのだが、春一番ではスターだったのだ。こんなシンガーが生まれてくるのも、春一番の魅力であった。

元ザ・ディランIIのメンバーで、ソロになった西岡恭蔵に「春一番」という歌があるが、これはまさに春一番コンサートのテーマのような曲だ。「春一番がつくるのは／それは君の春の祭」と歌われている。歌詞の中に「ヤスガース・ファーム」が出てくるのだが、これは69年におこなわれたウッドストック・フェスティヴァルの会場となったマックス・ヤスガーの農場の名前だ。

春一番コンサートは、79年を最後に一旦幕を閉じることになるのだが、16年後の95年に大阪城野外音楽堂で再開される。ここは、阪神・淡路大震災後に天王寺野外音楽堂の代替施設としてオープンした場所だ。

その翌年からはイヴェント名を「祝春一番」に変え、場所を服部緑地野外音楽堂に移し毎年開催されている。2019年のラインナップを見ると、中川五郎、友部正人、いとうたかお、豊田勇造、有山じゅんじ、大塚まさじ、金子マリといったヴェテラン勢だけでなく、スタンダップ・コメディアンのナオユキ、蠣崎未来、gnkosaiBANDなど、若手、中堅にも門戸を開いている。これが春一番コンサートの在り方であると思うのだ。

## コラム 深夜放送の時代

ザ・フォーク・クルセダーズの「帰って来たヨッパライ」が深夜放送の後押しで大ヒットしたように、フォークの時代は深夜放送の時代でもあった。深夜放送が始まったのは60年代の半ば頃、それぞれの局がパーソナリティーを立て、リクエストを中心に自由に放送していた。局アナであっても、リスナーと友達言葉で話したり、自身のキャラクターを前面に出していた。

土居まさるをディスクジョッキーに起用し成功したのが文化放送の「真夜中のリクエストコーナー」。土居はその後、「セイ！ヤング」の金曜日担当（のちに月曜日に移行）で人気をはくしていった。ニッポン放送の「オールナイトニッポン」からは、今仁のてっちゃん（今仁哲夫）、高崎一郎、それに「Go Go Go! おまけにもひとつ Go!」の名調子で知られる糸居五郎が人気者になっていく。

東海ラジオの「ミッドナイト東海」でディスクジョッキーをしていた森本レオは、

ピンク・フロイドのアルバム『原子心母』片面全曲をかけてしまったりと、選局も自由だった。だからこそ新しいものに敏感で、「帰って来たヨッパライ」のように、レコードの発売前であってもラジオでかかったりもした。

関西のラジオ局はさらに積極的で、MBSラジオの「ヤングタウン」では毎週のようにスタジオライヴが繰り広げられ、アマチュアバンドの曲を「今月のうた」として取りあげオンエアした。この中からは、ウッディ・ウー「今はもうだれも」、リトル・マギー「女と男」、ピンク・ピクルス「僕にさわらせておくれ」などのヒットが生まれた。

フォークソング／ニューミュージック系のシンガーをラジオのDJとして使うのが一番上手かったのが「オールナイトニッポン」だ。北山修（自切俳人）、吉田拓郎、松山千春、中島みゆき、泉谷しげる、イルカ、南こうせつ、THE ALFEEの坂崎幸之助などを起用し、絶大なる人気を得ていったのだ。

# 第6章

# アーティストを支えた、アーティスト自身が作った音楽レーベル

## エレックレコードの設立

初期フォークソングの三大レーベルといえば、URCレコード、ベルウッド・レコード、それにエレックレコードとなる。同じフォーク系であるものの、それぞれの成り立ちや役割が異なっていたのが興味深い。エレックレコードは吉田拓郎（当時の表記はよしだたくろう）が属していたことで知られているが、他にも、泉谷しげる、古井戸、ケメ（佐藤公彦）、武田鉄矢の海援隊、ピピ&コットなどがこのレーベルに所属していた。

エレックレコードは、社長の永野譲が経営していたエレック社という出版社が母体となっている。この会社は編集プロダクションのような仕事もしていたのだが、その中で請け負ったソノシート付きの「浜口庫之助の作曲入門」（朝日ソノラマ刊）が爆発的に売れた。読者からの問い合わせや自作曲の投稿などが殺到したために、発売元の朝日ソノラマがエレック社に相談し、エレック社が作詞作曲などの通信講座を始める。大好評をえて1万人を超える受講者数になったという。NHKテレビの「あなたのメロディー」はアマチュアから作詞作曲した曲を公募し、優秀な作品をプロが歌うという企画の番組だった。この番組からは、北島三郎が歌った「与作」、トワ・エ・モワの「空よ」、水原弘「お嫁に行くんだね」などのヒットが生まれている。こんな番組が人気になるほど、当時は作詞作曲の熱が一般にも広がっていたのだ。

エレック社が作詞作曲講座をおこなっていると、自作曲をレコードにしてくれとの要望が高まってくる。エレック社は色々なレコード会社にかけあってみるのだが、素人の作品をおいそれと出してくれるところなどない。そこで考えたのが、自社でレコード会社を作り、そこからリリースするという方法だ。作ったレコードは通信講座の受講者に買ってもらえばいいと考えた。URCレコードのようにヴィジョンが先行したのではなく、まずはビジネスがあったところがエレックレコードなのだ。

ここにもう一人の男が登場する。それが浅沼勇で、彼は日本音楽院というギターの通信講座の講師兼社長であった。69年に、浅沼と永野譲が組んで立ち上げたのが、エレックレコードだ。彼らが最初にやったのは、受講者の作品をレコード化することだ。歌手には、浅沼の大学の後輩でラジオDJの土居まさるが起用された。土居は文化放送のアナウンサーで、日本で最初の深夜放送ともいえる「真夜中のリクエストコーナー」を担当し、当時は「セイ!ヤング」の人気パーソナリティーだったのだ。

69年の4月に、土居まさるが歌う4曲入りEP「カレンダー」が発表された。まだ一般には販売されず、通信講座の会員に配布されたのだが、この中の「カレンダー」を土居が自身のラジオ番組の中で盛んにかけたために問い合わせが殺到。急遽シングル盤に切り直し、一般用にリリースされることになった。これがエレックレコードの第1弾と言ってもいいだろう。深夜放送での人気を背景に、8万枚を超えるヒットとなった。

第2弾目のシングルは朱由美子「涙がほしい」で、曲はやはり作詞作曲講座の受講者の作品から選んでいる。次作は、鹿児島のご当地ソングをムード歌謡コーラスグループが歌った、高橋文雄とマロンファイブの「君は帰らぬ南洲の人」。ジャンルに節操がなく感じるかもしれないが、あくまでも受講者の曲をレコード化することが目的だったのがよく判る。

次にエレックレコードはフォークソングに目を付けた。作詞作曲の講座とギターの通信講座が合体すればフォークになる。そんな短絡的な発想だったのかもしれない。そして、ヤマハ主催のアマチュアコンテスト、ライトミュージックコンテストの審査員として全国を回っていた浅沼勇が見つけてきたのが、広島フォーク村だった。

広島フォーク村は吉田拓郎が音頭をとり、広島周辺の大学のフォークソングサークルに声をかけ集められた集団だ。喫茶店に集まりミーティングをしたり、自分たちでコンサートを主催した。この広島フォーク村が、上智大学の全共闘系グループのフューチャーズ・サービスとともに自主制作したアルバムが、『古い船をいま動かせるのは古い水夫じゃないだろう』だ。その後エレックレコードが原盤を買いとり一般流通盤として発売した。

通説ではこうなっている。がしかし実際は浅沼が広島フォーク村の主要メンバーを東京に呼び寄せ、レコーディングをセッティングした。最初からエレックのレコードとして制作し、初回プレス分を学生らに渡し手売りさせたのだ。この初回盤（Jugend レーベル　FSL-443-5027）はブックレットがついた豪華なものだった。だがレコードの盤面を見ると、製造エレックの文字が刻み込まれている。

経緯はさておき、この『古い船をいま動かせるのは古い水夫じゃないだろう』の発売によって、吉田拓郎の名前が浮上した。アルバムの中には、広島フォーク村の初代村長であり拓郎のマネージャーとなる伊藤明夫、愛奴の前身となるグルックスなどと並んで、吉田拓郎の「イメージの詩」が収められていた。

この「イメージの詩」をエレックレコードが拓郎の許可を得ずにシングル盤で発売する。拓郎はこれに抗議し、結局は再録音されることとなるのだ。この再録音ヴァージョンが正式なデビューシングルと認定されている。バックは沢田駿吾カルテットが担当した。

沢田駿吾といえば、日本のジャズギター界の草分け的存在であり、伝説となった54年の『モカンボ・セッション』にも参加している。浅沼勇の知人であり、エレック社でジャズギター講座を受け持っていたこともあり、エレックレコードのセッションにはよく顔を出している。拓郎にはごく初期のソノシート音源を集めた『メモリアルヒット曲集'70 真夏の青春』(シート3枚組、未CD化)があるが、「野良犬のブルース」などのバックで唐突にジャズギターのソロが登場してくる曲がある。これも沢田駿吾のプレイだったと思うが、フォークジャズとでも言おうか、妙にクールな趣がある。

## エレックレコードファミリーの活躍

エレックレコードには他にも多くのシンガーがいるが、吉田拓郎の次に売り出そうとしたのが泉谷しげるだった。渋谷にあった生演奏のできる音楽喫茶「青い森」を拠点に歌っているところを捕獲された。この「青い森」といえばRCサクセションが出演していたことで有名だが、彼らはいち早く東芝音楽工業にスカウトされた。

泉谷しげるは、いまではテレビなどで乱暴者のキャラクターが定着しているが、若き日の彼は精悍で、青みがかった凄味を帯びていた。デビュー直前には野音のイヴェントに飛び入りで参加したり、池袋の駅前にステージを組んで歌ったり、かなり強引なプロモーションを展開していたという。デビューは71年のライヴ盤『泉谷しげる登場』。これは初シングルの「帰り道」よりも先に発売されている。ということは、まだレコードを出していないシンガーのワンマンライヴを記録したものがデビュー作となったのだ。これもまた随分と強引な企画なのだが、その緊張感が前向きに働いている。

「白雪姫の毒リンゴ」での切々とした歌唱が心に残るが、この歌はエレックレコードの音楽的なキーパーソン、門谷憲二が作詞作曲した曲だ。門谷は泉谷と音楽制作集団を組んでおり、その後エレックレコードで、古井戸、ピピ&コット、ケメ（佐藤公彦）などを手掛けるようになる。泉谷しげるのソングライターとしての才能は、セカンドアルバム『春夏秋冬』に収められている「春夏秋冬」で開花する。この曲は彼の2枚目のシングル曲ともなるのだが、エヴァーグリーンな名曲が72年と意外なほど早い時期に作られているのを覚えておきたい。

加奈崎芳太郎と仲井戸麗市（チャボ）の古井戸の存在も、実にエレックレコード的だ。吉田佳子やケメがいたピピ&コットなどもそうだが、フォークソングでありながらも深刻さはあまりなく、どこかサークル活動のような明るさを持っていた。これがエレックの最大の特徴だと思う。

古井戸は「さなえちゃん」が大ヒットとなった。あまりにもこの曲の印象が強烈なために、方向性を得るのに苦労したところもある。やはり、ワイルドで哀愁のこもった加奈崎の声質とブルージーな仲井戸のギターとのコンビネーションが聞きどころだ。72年のデビューアルバム『古井戸の世界』には、ムーンライダーズの前身となるはちみつぱいの和田博巳、渡辺勝、かしぶち哲郎、武川雅寛が参加している。

また、72年のセカンドアルバム『オレンジ色のすけっち』には、仲井戸麗市と忌野清志郎との共作曲「バスケットシューーズ」が収録されている。仲井戸は古井戸解散の79年に、RCサクセションに合流。鉄壁のロックンロールチームを築きあげていくのはご存じの通り。そのはるか前の72年に、こんなコラボレートがあったのだ。

エレックレコードで忘れてはならないのが、ケメこと佐藤公彦の存在だ。愛くるしい表情、パンタロンをはいたスラリとした足など、アイドルフォークというジャンルを作り上げたと言ってもいい。ケメは、吉田佳子（のちの、よしだよしこ）、金谷厚などと一緒にピピ&コットを組んでいた。72年に脱退しソロになり、「通りゃんせ」や「バイオリンのおけいこ」などをヒットさせたのだが、紅茶の香りとバラの花束が浮かんでくるようなメルヘンチックな世界は、まさにケメの独壇場であった。

また、ラジオ番組「あおい君と佐藤クン」でケメの声を覚えている方も多いかもしれない。この番組は、あおい輝彦と組んだトーク番組で、72年から約8年も続いた長寿番組だった。

武田鉄矢率いる海援隊は、福岡県を拠点とするRKB毎日放送の紹介でエレックレコードに入った。同時に売り込みがあったのが井上陽水で、エレックの社長の永野はどちらを選ぼうか迷ったという。ステージの面白さで海援隊をとったというが、最初はまるで売れなかったそうだ。73年の「母に捧げるバラード」が国民的なヒットとなり、同年の日本レコード大賞の企画賞を受賞した。

その後、コミックバンドの路線かフォークグループでいくかで迷った時期もあったそうだが、79年の「贈る言葉」の大ヒットでもう一度国民的な人気を獲得する。活動歴は長く、もうすぐ50年を迎えようとしているが、武田鉄矢、中牟田俊男、千葉和臣という不動のトリオで活動を続けているのは頼もしい限りだ。

エレックレコードには他に、生田敬太郎、中沢厚子、とみたいちろう、丸山圭子、佐渡山豊などがいたが、これらを引き連れ「唄の市」という連続イヴェントを繰り広げた。この一連のライヴには、吉田拓郎やRCサクセションも参加し、エレックファミリーの様相を呈していた。

## ベルウッド・レコードの誕生

71年から始まった春一番コンサートとシンクロするような時期に登場してきたのがベルウッド・レコードだ。72年4月25日の第1回新譜となったのが、六文銭

『キングサーモンのいる島』、高田渡『系図』、山平和彦『放送禁止歌』の3枚のアルバム。それに、あがた森魚「赤色エレジー」、友部正人「一本道」がシングル盤としてリリースされた。

このあがた森魚「赤色エレジー」は、漫画雑誌「ガロ」に掲載されていた林静一の同名の作品をモチーフとした曲で、ノスタルジックな大正浪漫のような曲調が斬新だった。ベルウッド・レコードは、この「赤色エレジー」の60万枚を超えた大ヒットとともにスタートを切った。

レーベルの創始者は三浦光紀。三浦は68年にキングレコードに入社し、文芸部の教養課に配属され、先輩ディレクターの長田暁二に付いてレコード作りを学んでいく。彼はもともと早稲田大学のグリークラブに所属していて音楽には強かったのだが、フォークソング系の音楽に触れるようになったのは、ギター教則用のアルバム『フォーク・ギターの世界』を制作してからだ。このアルバムで、六文銭の小室等と出会うこととなるのだ。

まだキングレコードの社員だった時代に、小室等のソロアルバム『私は月には行かないだろう』、高田渡の『ごあいさつ』、武蔵野タンポポ団『武蔵野タンポポ団の伝説』などを制作。会社の機材を勝手に持ち出し、中津川でおこなわれた全日本フォークジャンボリーへ録音に出かけたのもこの頃で、その模様はライヴ盤『自然と音楽の48時間　1970年全日本フォークジャンボリー実況盤』としてリリースされている。

その三浦光紀が、キングレコード内に設立したのがベルウッド・レーベルだった。フォークソングがブームになると、大手レコード会社ではレーベルの中にフォークやニューミュージック専門のレーベルを作ることがあったが、その先駆となったのがベルウッドだ。レーベルの名前は、当時会社の中で三浦光紀を支援してくれた文芸部の鈴木部長に敬意を表し、彼の名前を英語で読み替えた、ベルとウッドを重ね名付けられた。

初期の作品では、山平和彦の「放送禁止歌」が話題になった。放送禁止歌とは、民間放送連盟による要注意歌謡曲指定のこと。放送局内の自主規制なのだが、これに指定されるとラジオやテレビでオンエアされなくなってしまう。山平の「放送禁止歌」の歌詞は、四文字熟語を並べたもので、その組み合わせや順番で危険な言葉にも聞こえてくる。これは放送禁止を逆手にとった手法で、この反逆精神こそ、フォークソングだと言えるだろう。「放送禁止歌」は思惑通りに、めでたく放送禁止となった。

山平和彦は、この「放送禁止歌」で有名になったが、それは彼の音楽のごく一部。秋田出身の山平は、鋭い感性をもった詩人でもあった。山平和彦はバックバンドのマイ・ペースを率いて活動していたが、マイ・ペースは独立してシングルを発表。その「東京」は74年10月に発売されスマッシュヒットとなった。

高田渡はURCレコードからベルウッドに移籍してきた。他に、加川良、ザ・ディランII、シバ、中川五郎が移籍組になるが、より自由なアルバム制作を求めた結果であった。時代はメッセージを中心とした関西フォークから、シンガーソングライターの時代へと移り変わっている。そのことを最も顕著に表明したのが、中川五郎の78年のアルバム『また恋をしてしまったぼく』だ。

ここにはプロテストソングの旗手と騒がれた彼の姿はなく、すべて個人の歌へと集約されている。誰にも置き換えのできない自分自身を歌う、これこそシンガーソングライターの矜持であるのだ。

URCレコードで日本語による弾き語りブルースを確立したシバは、それをさらに展開し、ベルウッドでの『夜のこちら』では昭和の日活映画を思わせるような枯れた世界観を作り上げている。

新人では、いとうたかおを発見したのもベルウッド・レーベルの功績だ。いとうは71年のフォークジャンボリーのアマチュアテントで自作の「あしたはきっと」を歌った。その歌詞を聞きにきたのが加川良で、その加川経由で存在が高田渡にも伝わる。渡からスタジオに遊びにこないかと連絡が入り、行ってみたら、いとうをフィーチャーした「あしたはきっと」のレコーディングだった。まさにフォークの時代ならではの奇跡のようなシンデレラストーリーだ。

それだけ「あしたはきっと」という歌に魅力があったという証拠でもあるのだが、自分のアルバムのラストに自分以外の歌い手を抜擢するというのは、高田渡らしい大胆な発想だ。「あしたはきっと」は高田渡の72年のアルバム『系図』に収められている。

いとうたかおは、細野晴臣、林立夫、駒沢裕城らをバックにシングル「あしたはきっと」をレコーディング。74年に中川イサトをサウンドプロデューサーに迎えた『いとうたかお』でアルバムデビューした。このアルバムは日本のシンガーソングライターの夜明けを飾る名作だ。

同じ新人では、朝野由彦をデビューさせたこと、少し年齢はいっていたが、高田渡や加川良と行動をともにしていた岩井宏のアルバムを制作したことも、ベルウッドの大きな功績だといえる。

加川良にとって、ベルウッド・レコードはまさに新天地だった。「教訓I」の呪縛から逃れようとしていた加川は、誰よりも早くフォークシンガーからシンガーソングライターへの転身を考えていた。それを具現化したのが74年の傑作『アウト・オブ・マインド』だ。後にハックルバックを名乗ることとなる鈴木茂、田中章弘、佐藤博、林敏明をバックに強烈なファンクナンバーを歌ったり、村上律のペダルスティールを配してジェリー・ジェフ・ウォーカーばりのカントリーロックを聞かせたり、まるで古い上着を脱ぎ捨てるように、真新しい加川良を見せていった。「かかしのブルース」での、ギターケースだって、重たければ捨てられるの台詞が痺れるほどカッコよかった。

「赤色エレジー」を大ヒットさせたあがた森魚は、その懐かしい世界観を引き連れ『乙女の儚夢』、元はっぴいえんどの松本隆をプロデューサーに迎えた『噫無情（レ・ミゼラブル）』と連続して力作アルバムを発表した。こうした凝ったアルバム作りはお金も時間も潤沢にかかる。それを可能にしたのが、ベルウッド・レコードでもあったのだ。

あがたの諸作のバッキングをしたはちみつぱいは、73年に『センチメンタル通り』でアルバムデビューする。はっぴいえんどが切り拓いた道筋を、日本語のロックとしてがっしりと定着させたのがこのアルバムだ。日本のロックを語るうえで重要な位置を占めている。ついでながら書いておくと、はちみつぱいはメンバーの一部を代え、ムーンライダーズとして再出発していく。

はっぴいえんどの最後のスタジオ録音盤『HAPPY END』を発売したことも、ベルウッド・レコードの功績のひとつだ。当時のはっぴいえんどはすでに解散状態にあり、その彼らをロサンゼルスに送り込み、ラストアルバムを作った。こんなことができたのは三浦光紀の力あってのことだったと思う。

メンバーであった細野晴臣、大瀧詠一のソロアルバムを制作したのもベルウッドであった。中でも細野晴臣の初めてのソロ作『HOSONO HOUSE』は、アコースティック色が濃いフォーキーなアルバムで、その後の日本のフォークにも多大なる影響を与えた。

ベルウッドにこれだけのミュージシャンが集まったのは、三浦光紀の人柄ゆえだったのだろう。金銭を含めて制作には協力を惜しまず、それでいて現場では黙って頷いているだけ。これこそが理想のプロデューサーの姿だ。居るだけで頼りになる人物、これがミュージシャンたちとの強力な信頼関係を築きあげたのだ。74年の暮れに三浦はベルウッド・レコードを離れ、日本フォノグラムに移籍する。ここでは新たにニューモーニング・レーベルを立ち上げるのだが、高田渡、中川五郎、山平和彦、いとうたかおなどは、この新しいレーベルに移ってくる。これも三浦光紀の磁力だったと言っていいだろう。

## フォーライフ・レコードの設立

75年の6月1日に新しいレコード会社が設立された。新たにレーベルが発足するだけでも話題なのだが、その発起人が、小室等、吉田拓郎、井上陽水、泉谷しげるの四人となれば、驚かないわけにはいかない。４月11日に東京の高輪プリンスホテルで記者会見がおこなわれた。新会社の名前はフォーライフ・レコード。新聞の一面には「１００億円の〝旗揚げ〟」という見出しがおどった。『氷の世界』でミリオンヒットを飛ばした井上陽水なら30億円の売り上げはかたいだろう。前年に森進一に提供した「襟裳岬」で日本レコード大賞を受賞した吉田拓郎は、歌手だけでなく作曲家としても時代の寵児になっていた。その拓郎ならば35億はまちがいない。泉谷しげるは「春夏秋冬」のヒット以降アルバムがよく売れている、小室等も手堅く作品をリリースしている。四人集まれば１００億の売り上げも夢ではない。それほどのパワーが、当時の四人にあったのだ。

話の発端はこうだ。ＣＢＳソニーとアーティスト契約を結んでいた吉田拓郎は、レーベル内レーベルのような形で自身のレーベル Odyssey を立ち上げていた。それでもレコード会社のシステムへの不満はあった。それはボブ・ディランのライヴを観に渡米し、アメリカの音楽事情を知ったからだろうか。現場の制作だけでなく、音楽面でのプロデュースやプロモーションなども、自分たちでやってみたいと思い立ったのだ。

ＣＢＳソニーで自由な裁量権が与えられている立場とはいえ、対するのは会社という組織の人間であり、崩すに崩せない壁があったのではないかと思う。そこで思い浮かべたのが、自身のレコード会社を作ることだ。

小室等も同じようなことを考えていた。もともと彼はフォークムーヴメントの中で育った人間だ。基本的な考え方はカウンターカルチャーであり、ビジネスよりもアートをとる。その小室に、資本を出すからレコード会社を作らないかという話が舞い込む。その相談を拓郎にしたところ、話はどんどんと具体的になっていった。

井上陽水は新会社設立の構想を、山本コウタローの結婚式の時に聞いた。最初は所属のポリドール・レコードの人間的なつながりもあり逡巡していたのだが、酒を酌み交わしながら話をしているうちに、気持ちが動いていった。泉谷しげるは、アメリカに行っている時に国際電話で誘いを受けたという。エレックレコードでの活動に限界を感じていたのかもしれないが、彼は四人目の男としてフォーライフ・レコードに関わっていく。

改めてそれぞれの年齢を書いておくと、小室等がもっとも年長で31歳、吉田拓郎は29歳、井上陽水が26歳で、泉谷しげるは27歳。新しく企業を立ち上げるのにはほどよい年齢であり、安定よりも冒険を求める年頃であったのだ。実際に、陽水は記者会見でアドヴェンチャーという言葉を使っている。フォーライフ・レコードの発足時のコピーは「私たちに音楽の流れを変えることは出来るのでしょうか」だった。

意気揚々とスタートをきろうとしたフォーライフ・レコードだが、すぐに大きな壁に阻まれることとなる。レコードを作って売るためには、出来上がった音源をプレス工場に回さなければならない。そのプレス工場に製造を拒否されてしまうのだ。もしレコードが出来たとしても、今度はそれを全国のレコード店に配給しなければならない。その流通ルートを確保することもできなかったのだ。

既存のレコード会社からすれば、フォーライフ・レコードのような形態はもってのほか、それまで築き上げてきた業界のシステムが破綻しかねない、という考え方であった。レコード会社といえば、流行を先取りしたり新しい音楽を作り出したりするところなのだが、その体質はとても古臭い。

レコード会社が作詞家や作曲家と専属の契約を結び、他社には作品を提供してはならないという厳しい専属制度があったのは、それほど昔の話ではない。南こうせつとかぐや姫が「神田川」のシングルを発売する際に、作詞が部外者である喜多條忠だというだけの理由で問題になりかけたほどなのだ。

苦肉の策として、プレスを海外に発注する案や、販売に関しては通信販売やコンサート会場での即売も考えたという。弱小なミュージシャンならば、それも不可能ではないのだろうが、フォーライフ・レコードの場合は100億円のアーティストを抱えている。これは現実的ではなかった。

結局はキャニオン・レコードの石田達郎が救いの手を差し伸べ、レコードのプレスと販売元をキャニオン・レコードが担当し、販売委託をポニー・レコードが受け持つことで決着した。かくしてフォーライフ・レコードは、初代社長に小室等が就任、後藤由多加が副社長、井上陽水、吉田拓郎、泉谷しげるがそれぞれ取締役といった布陣で出発したのだ。

半ば余談だが、独立系レーベルの先輩でもあるベルウッド・レコードの代表であった三浦光紀にも、フォーライフ・レコードの設立の相談が舞い込んでいる。三浦はベルウッドを辞めた直後であったのだが、フォノグラム・レコードでニューモーニング・レーベルを立ち上げるプロジェクトが進んでいたこと、フォーライフのカラーが自分に合っていないことなどを理由に、参加を辞退している。

がしかし、株主としてサウンドディレクターとしてフォーライフに協力している。フォーライフの第1回新譜となった小室等のアルバム『明日』は、三浦光紀がディレクターとして名を連ねている。

## フォーライフ・レコードの成功とその余波

フォーライフ・レコードは、泉谷しげるのライヴアルバム『「ライブ!! 泉谷」〜王様たちの夜〜』、井上陽水の『招待状のないショー』、吉田拓郎『明日に向って走れ』などをリリースし、順調にスタートしていく。初期のフォーライフで、もっともフォーライフらしいアルバムが、76年11月10日にレコード会社創立の1周年記念として企画された『クリスマス』だ。

小室等、吉田拓郎、井上陽水、泉谷しげるの四人がそれぞれクリスマスにまつわる曲を持ち寄ったアルバムで、この中でしか聞けない曲も多く大いに人気を呼んだ。銀色をしたジャケットで、真ん中に「Christmas」の文字が刻印されていたのが印象的だった。当初は30万枚限定で発売されたのだが、その後何度か再発されている。

フォーライフ・レコードの成功と前後して、レーベルの中にレーベル内レーベルとして、サブレーベルを作るケースが多くなった。例をあげると、テイチク・レコード内に発足したブラック・レーベルには、鮎川誠が在籍していためんたいロックのサンハウス、エレックレコードから移籍してきた海援隊、吉田拓郎のバックバンドとしても活動したトランザムも、このブラック・レーベルの所属だった。

ビクター・レコードは早くからSFシリーズ（SFは、ソウルフィットの略）を持っていた。このシリーズはURCレコードから原盤を借り、岡林信康、五つの赤い風船、高石友也などのアルバムを出していたのだが、他にも、「なのにあなたは京都へゆくの」をヒットさせたチェリッシュ、「走れコウタロー」のソルティー・シュガーなども在籍していた。70年代の半ば頃には、頭脳警察のアルバムや、元五つの赤い風船の西岡たかしのソロアルバム、三上寛のアルバムなどもリリースしている。

クラウン・レコード内に作られたＰＡＮＡＭレーベルは名門でもあり、南こうせつとかぐや姫、イルカ、風といったニューミュージック勢に加え、元はっぴいえんどの細野晴臣、鈴木茂、それにティン・パン・アレーのアルバムなどもリリースしている。新しい動きにも敏感で、大貫妙子のソロデビュー作、ムーンライダーズなど、幅広くアーティストを有していた。
Ｎ．Ｓ．Ｐ、高木麻早、小坂恭子とポプコン系を得意としていたキャニオン・レコードのアードバーク・レーベルがあるが、中島みゆきの76年のデビュー作『私の声が聞こえますか』も、このレーベルから発売された。他にも、さだまさしがワーナー・パイオニア・レコード内に設立したフリーフライト・レーベル、松山千春がキャニオン・レコードで作ったＮＥＷＳレコードなどがある。
これらのレーベルは、それまでは既存のレコード会社であまり扱われることのなかったフォークやニューミュージック系のアーティストが多く在籍している。

新たなレーベルカラーを打ち出す意味もあったのだろうし、自由にレコードを作らせ他社に移籍されないようにする安全弁の役割もあったように思う。

それよりもこれは、フォークソングやニューミュージックがビジネスの対象になるほど、大きく成長していった証である。その中で、最も大胆で最も野心的であったのが、小室等、吉田拓郎、井上陽水、泉谷しげるの四人によるフォーライフ・レコードであったのだ。

## コラム　フォークとコンテスト

吉田拓郎が大学2年生の時に、コロムビア洋楽部主催「フォークコンテスト」に出場。三里塚闘争からヒントを得た「土地に柵する馬鹿がいる」を歌った。結果は全国で3位。同時期にダウンタウンズを率いて、ヤマハ・ライト・ミュージック・コンテストのヴォーカル・グループサウンズ部門に出場している。この時に作ったのが「たどり着いたらいつも雨降り」だったのだ。

このように60年代から全国規模のアマチュアバンドのコンテストがおこなわれている。フォークソングがブームになると、それがさらに多くなる。ニッポン放送の番組「バイタリス・フォーク・ビレッジ」が主催していたのが「全国フォーク音楽祭」だ。初回の71年は、まだ五人編成だったチェリッシュが出場。この大会には他にも、回転木馬、ア・ベック、吉田峰子などがエントリーしたが、チェリッシュがグランプリを獲得、ビクター・レコードからデビューした。

翌年の72年大会のグランプリは、名古屋出身の八事裏山フォーク・オーケストラ。北海道からは中島みゆき（出場時は美雪）が出場したが、入賞にとどまった。同時に入賞したのは、春一番コンサートなどでも活躍する中塚正人。このコンテストからは他に、ふきのとう、とんぼちゃん、ポニー・テールがデビューしている。

文化放送がネット局と共同で主催した「全日本アマチュア・フォーク・コンテスト」から世に出たのは、エレックレコードからレコードを出す田吾作、甲斐バンドの甲斐よしひろ、日本フィリップスからデビューする銀河鉄道。77年には、堀内孝雄と組んで「南回帰線」をヒットさせた滝ともはるが本名の玉置智治で金賞を受賞している。

愛川欽也とかまやつひろしが司会をしていたテレビ番組「キンキン&ムッシュのザ・チャレンジ!!」でもコンテストをおこなっていて、73年の大会では、後にオフコースに加入する松尾一彦と大間ジローが在籍していたザ・ジャネットがグランプリ、ふきのとうは準優勝だった。74年はオレンジが優勝したのだが、このグループには山本達彦がキーボードで参加していた。

# 第7章

## 多様化するフォークソング
## ～そしてニューミュージックの時代へ

## 全盛期を迎えたフォークソング

72年に、吉田拓郎（当時の表記はよしだたくろう）の「結婚しようよ」がヒット、それに続く「旅の宿」はオリコンのチャートで第1位を獲得した。南こうせつとかぐや姫の「神田川」が大ヒットしたのは73年の10月のこと。この年に、井上陽水のアルバム『氷の世界』が日本レコード史上初の100万枚のビッグなセールスを記録した。この一連の出来事からみても、フォークソングは一挙にメジャーなものになっている。

さらに例を挙げれば、歌謡曲の牙城であった日本レコード大賞にも、フォークソング勢がどんどんと進出していく。70年には「走れコウタロー」のソルティー・シュガーが新人賞を受賞、翌年の13回では「恋人もいないのに」を歌ったシモンズが同じく新人賞。この年の作詩賞は、「戦争を知らない子供たち」を作った北山修が受賞している。

日本レコード大賞の作詩賞でいうと、74年はグレープの「精霊流し」で、さだまさしが受賞。この74年の編曲賞は井上陽水の「夕立」をアレンジした星勝で、同年の企画賞は井上陽水のアルバム『氷の世界』が受賞。同時に海援隊のシングル「母に捧げるバラード」が賞を受けた。74年の第16回日本レコード大賞はフォークソングが大躍進した年で、日本レコード大賞の栄光に輝いたのは森進一の「襟裳岬」。ご存じのようにこの曲は、岡本おさみが作詞をし吉田拓郎が曲を書いたものだ。まさにフォークソングの時代の到来であった。

フォークソングはジャンルを超越して、日本の音楽として広まっていった。このフォークブームに歌謡曲サイドも反応し、フォークソングのテイストを持った歌謡曲も数多く生まれてくる。天地真理の71年のデビュー曲「水色の恋」はまさにそんな曲だった。天地は久世光彦が演出したドラマ「時間ですよ」で人気を得たのだが、番組の中ではいつもギターを片手に弾き語りをしていた。

「てんとう虫のサンバ」でお馴染みのチェリッシュは、もともと五人組でフォークコンテストの出身。71年に「なのにあなたは京都へゆくの」でデビューした後に、二人組の男女デュオとなり歌謡ヒットを連発していく。フォークソング色をもった曲としては他に、あべ静江「コーヒーショップで」、太田裕美「木綿のハンカチーフ」などがあるが、布施明が小椋佳作詞作曲の「シクラメンのかほり」で、第17回日本レコード大賞の大賞を射止めたのは75年のことだ。

一般の聞き手の感覚としても、どこまでがフォークソングで、どこからが歌謡曲なのか、その分水嶺が判らなくなっていったのではないかと思う。ちょうどその頃使われはじめたのが、ニューミュージックという言葉だ。単純にこの言葉を日本語にすれば「新しい音楽」。これならば、どんな新しい音楽でも当てはめていくことができる。

ニューミュージックという言葉の発祥には諸説ある。69年に、中村とうようによって創刊された雑誌の名前が「ニューミュージック・マガジン」だった(80年に「ミュージック・マガジン」に改名)。また、荒井由実(松任谷由実)が出てきた時に、彼女のような新しいタイプの日本のポップスを形容する言葉として、ニューミュージックが使われた。現在でいえば、シティポップがそれに一番近いだろうか。さらに近年の研究では、三浦光紀が72年にベルウッド・レーベルを設立した際のプロモーション盤の挨拶文の中で「〝新しい音楽〟（ニュー・ミュージック）」という言葉が使われていたのが発見された（「ニューミュージックの宝庫〈Bellwood〉の出発にあたって」より）。

語原はともあれ、フォークソングという括りでは収まりきらない、よりポピュラリティーをもった日本の音楽＝ニュー・ミュージックであり、その現実的な起点は、吉田拓郎、井上陽水、南こうせつにあったと言っていいだろう。

ニューミュージック期に入ってからのフォークソングは、所属レーベルから音楽的なバックグラウンド、そしてデビューの仕方などそれぞれが異なり、区分けするのが難しい。その雑多性が、新しい音楽（ニューミュージック）の特性でもあるのだ。あえて言うならば、シンガーソングライター的な要素が色濃くなったことだろうか。吉田拓郎や南こうせつのように、作詞を外部のスタッフに頼ることはあっても、基本は自作自演だ。その個人的な歌が、時代の潮流になっていった。

## 長渕剛・中島みゆき・松山千春・さだまさし・森田童子……

長渕剛がデビューしたのは、77年のこと。フォーク〜ニューミュージックの流れからすれば、随分と遅いデビューとなる。一度ビクター・レコードから初シングル「雨の嵐山」を発表するが、残念ながら売れず。翌年の78年に東芝／エキスプレスと契約してリリースした「巡恋歌」は再デビュー盤となる。現在の男らしい姿とは、曲調も容姿もかなり異なっている。これは本人の資質と言うよりも、レコード会社の意向があったのではないかと思う。

遅れてきた青年であるがゆえに、60年代のフォークソングやアコースティックギターに対する思い入れが人一倍強い。加川良や友部正人、それに遠藤賢司などのフォークシンガーを敬愛し、84年にはギター奏法の実戦を綴った「君はギターの弦を切ったことがあるか」を出版している。初期は幾分迷走気味だったのだが、80年に自らがプロデュースしたアルバム『乾杯』を発表。ここで自分の音楽を掴みとったと言っていいだろう、長渕流のフォークソングを完成させた。

このアルバムの最後に収められていた「乾杯」だが、88年の『NEVER CHANGE』レコーディングの際にセルフカヴァーされ、先行シングルとして発売された。シングルチャートで第1位を獲得しただけでなく、日本のスタンダードソングとなっていったのはご存じのとおりだ。

赤裸々に女性の心情を代弁するシンガーソングライターとして、絶大なる存在感を持っているのが中島みゆきだ。その系譜は現在のあいみょんにまで、脈々と受け継がれている。

デビューのきっかけは、財団法人ヤマハ音楽振興会が主催していたポピュラーソングコンテスト（通称「ポプコン」）。75年春のポプコンで自作の「傷ついた翼」を歌い入賞し、これが契機となりキャニオン・レコードから「アザミ嬢のララバイ」でデビューする。同年秋のポプコンつま恋本選会にも出場し、この時に歌った「時代」がグランプリを獲得、同年の11月におこなわれた世界歌謡祭でも見事にグランプリを受賞した。

一般に中島みゆきの名前が認知されたのは、研ナオコの歌唱によってだろう。彼女に提供した「LA－LA－LA」が大ヒット。その後も、同じく研ナオコが歌った「かもめはかもめ」、増田けい子「すずめ」、桜田淳子「しあわせ芝居」、柏原芳恵「春なのに」が連続してヒットし、シンガーソングライターとしての認知度を高めていく。

76年の『私の声が聞こえますか』を発表以降、毎年1～2枚のペースでコンスタントにアルバムをリリースし続け、77年の『あ・り・が・と・う』から96年の『パラダイス・カフェ』までに発表したすべてのスタジオアルバムをチャートの

10位以内に叩き込んでいる。これは快挙と言っていい。

89年からはコンサートと演劇を複合させたような「夜会」を開催。演じるように歌うのが得意な彼女だけに、このイヴェントは水を得た魚。様々なゲストを招きながら、長年にわたり繰り広げられている。このあたりは、フォークソングもニューミュージックをも超越した、中島みゆきの世界だといえる。

70年代のニューミュージックは地方の時代といえるのかもしれない。広島フォーク村から出てきた吉田拓郎、長渕剛は鹿児島、井上陽水や永井龍雲は福岡県出身だった。北海道代表といえば、中島みゆきか松山千春になるだろう。

松山千春は足寄郡足寄町出身で、地元北海道のSTVラジオのディレクターに見出され番組内にコーナーを作ってもらったのがデビューのきっかけだ。キャニオン・レコードのアード・バークレーベルと契約し、77年に「旅立ち」でデビューする。

ともかく歌が上手い。ギターの弾き語りも得意だが、ステージではハンドマイクを片手に膝を折る独特のアクションで熱唱する。どちらかというと素人臭さを売り物にするフォーク／ニューミュージック界において、プロフェッショナルを貫き通しているひとりだと言えるだろう。

「長い夜」「季節の中で」「人生の空から」など、スケールの大きな曲が多いが、2017年、空港の混雑で出発が大幅に遅れ乗客が苛立つ飛行機内で、乗務員用のマイクを借り自身の「大空と大地の中で」を歌った。このことにより乗客に笑顔が戻ったという。実にいい話ではないか。

小椋佳はまったく違った道順でニューミュージックに参入してきた。東京大学卒の銀行マンというもうひとつの顔をもつ小椋は、顔や正体を隠してデビューした。71年のセカンドアルバム『雨』のジャケットは俳優の岡田裕介の写真が使われ、3枚目のアルバム『彷徨』は、女優の森和代のポートレートで飾られている。これはデビューアルバム『青春　～砂漠の少年～』の曲間のナレーションに二人の声が使われていたからだ。なお、岡田と森が主演した71年の映画「初めての旅」の中でも小椋佳の曲が挿入歌として起用されている。

初めてのレコーディングは、寺山修司の天井桟敷レーベルからリリースされた『初恋地獄篇』のサウンドトラック盤。このアルバムにはカルメン・マキの「かもめ」なども収められているが、小椋佳は「ラブレター」など3曲を吹き込んでいる。銀行マンとアングラ演劇の組み合わせが面白いが、寺山がパーソナリティーをしていたラジオ番組に出演したのがきっかけだったという。小椋はその後、美空ひばり「愛燦燦」、梅沢富美男の「夢芝居」などを作詞作曲し、布施明が歌った「シクラメンのかほり」では日本レコード大賞を受賞する。だが始まりは寺山修司であったのだ。

さだまさしの青春時代は挫折の連続だったように思う。ヴァイオリニストとして嘱望され長崎から東京に出るが、東京芸大の附属高校の受験に失敗。クラシックを捨て、高校時代からの友人であった吉田正美とフォークデュオのグレープを結成する。がしかし、73年のデビュー曲「雪の朝」は売れず。ところが、さだの挫折はここまで。74年の4月に発表した「精霊流し」は名古屋の深夜放送から火がつき、全国的なヒットとなっていく。なおオリコンのベスト10にチャートインしたのは、発売から4カ月後のことであった。

グレープ解散後にソロになったさだまさしは、79年の「関白宣言」を筆頭に、「雨やどり」「親父の一番長い日」「防人の詩」などのヒットを飛ばしていく。暗いとか女々しいとかいわれる彼の音楽だが、その叙情性と同量のユーモアが仕込まれている。MCの上手さには定評があり、その彼のステージトークばかりを集めたCDまで出ているほどだ。

女性が大躍進したのも、このニューミュージックの時期だ。中山ラビ、山崎ハコ、森田童子といった個性的なシンガーが続々と登場してきた。中山ラビは、ボブ・ディランの日本語カヴァーを歌ったことで評判となり、72年にポリドール・レコードよりアルバム『私ってこんな』でデビューした。このアルバムには細野晴臣、林立夫、洪栄龍などが参加しているが、サウンド的にはフォークロックとするのが一番妥当だろうか。

75年にアルバム『飛・び・ま・す』でデビューした山崎ハコは、情念派のシンガーだ。映画『地獄』の主題歌になった「『地獄』心だけ愛して」が話題を呼んだ。現在は歌手としてだけでなく楽曲提供も多く、作曲家としてもその才能を発揮している。森田童子は、93年にテレビドラマ「高校教師」の主題歌に「ぼくたちの失敗」が使われ、引退状態にあった彼女が再び注目された。デビューは75年で、もじゃもじゃのカーリーヘアー、サングラスというスタイルを貫き通し、その素顔は謎のままであった。当時からカリスマ的な人気があり、その諸作品は今でも高い評価を受けている。

ニューミュージックというより、ニューフォークと呼びたくなるのが五輪真弓だ。シングル「少女」で72年にデビューするのだが、そのデモテープを聞いたキャロル・キングがデビューアルバムに参加。夢のようなスタートをきることになった。大村憲司、深町純、村上ポンタなどを引き連れた74年のライヴ盤『冬ざれた街』は、シティポップの開祖的な意味合いでも評価が高い。その後、80年のシングル「恋人よ」は、歌謡曲ファンをも取り込んで大ヒットとなった。

遅れてきたフォークシンガーという意味では、河島英五の存在は大きかった。四人組のバンド、河島英五とホモ・サピエンスの一員としてプロデビューした。グループ解散後はソロになったのだが、その時の謳い文句が「最後の大物フォーク歌手」であった。76年にシングルで発売された「酒と泪と男と女」は、その後ロングセラーを続け、萩原健一、ちあきなおみ、八代亜紀などにもカヴァーされている。

村下孝蔵も遅れてきた世代に入る。80年に「月あかり」でデビューした時、27歳だったというから、やはり遅い部類になるだろう。経歴も変わっていて、水泳の特待生を経て実業団の新日本製鐵八幡製鐵所に入社。残念ながら水泳ではそれ以上芽が出ず、インテリアデザインを目指すうちにヤマハ広島店に就職する。自主制作シングル「ひとりぽっちの雨の中」を出したのは、この頃のことだ。

80年の初頭といえば、すでにバンドブームの兆しが見え始めていた頃。フォークソング系でどこまで売れるのだろうかと心配されたが、82年にリリースした4枚目のシングル「ゆうこ」が有線放送から火がつき、「夜のヒットスタジオ」に出演するほどのヒットとなった。続く「初恋」も大ヒットし、抒情派フォークの最後の継承者になっていくのだ。

他にも男性歌手では、北炭生、永井龍雲、堀江淳、鈴木一平、大塚博堂、五十嵐浩晃などが、このニューミュージックの時代に活躍した。

## ニューミュージックの時代

ニューミュージックの時代には、数多くのグループが誕生している。この理由のひとつに、70年代に入り弾き語りのフォークソングのスタイルが、ドラムスやベースを交えたフォークロック的なサウンドに移行したことが挙げられる。

その一例が、谷村新司、堀内孝雄、矢沢透の三人によるアリスだ。アリスの前身は、谷村が率いていたザ・ロック・キャンディーズで、彼らは68年に東芝エキスプレスよりシングル「どこかに幸せが」でデビューした。セカンドシングルの「あなたの世界」が、ラジオ番組「MBSヤングタウン」でオンエアされたことをきっかけにスマッシュヒットとなり、関西に谷村新司ありと言われるようになっていった。

ザ・ロック・キャンディーズは、70年にヤング・ジャパンの国際親善演奏旅行に参加。このアメリカ公演には、加藤和彦やジローズなども加わっていたのだが、その際に、他のバンドのサポートで来ていた矢沢透と知りあいとなり意気投合。日本に帰ったら一緒にバンドを組もうと約束をするのだ。帰国した谷村は、神戸の音楽サークル「ポート・ジュビリー」で知りあいになっていたフーリッシュ・ブラザーフッドの堀内孝雄を誘い、三人でアリスを結成する。

最初から売れたわけではなく、デビューから3年ほどは下積み時代を送ることとなる。火が付いたのは、大阪のフォークグループ、ウッディ・ウーの「今はもうだれも」をカヴァーしたあたりからだ。75年に発売されたこの曲は、オリコンのチャートで11位を記録するヒットとなった。

二本のアコースティックギターの力強いリズムに乗って、谷村と堀内のヴォーカルが重なる。これがアリスの定番スタイルとなっていく。この頃のアリスが目指していたのは、サイモン&ガーファンクルの「ボクサー」のような、アコースティックでありながらもビートの強いフォークロックのサウンドではなかったかと思う。最初にアリスが第1位を獲得した曲は78年のシングル「チャンピオン」であった。

赤い鳥は、ヤマハが主催するアマチュアバンドの全国コンテスト、ヤマハ・ライト・ミュージック・コンテストの出身。このコンテストは名門で、早川義夫率いるザ・ジャックス、吉田拓郎が在籍していたダウンタウンズ、アコースティック編成だった頃のオフコースなど、多くの才能を輩出している。

赤い鳥は69年にURCレコードより、「お父帰れや　c／w　竹田の子守唄」でデビューするが、どちらも社会的なメッセージの強い曲であった。翌年、日本コロムビアと契約しメジャーデビューを果たすが、その最初のシングル「人生」は、「竹田の子守唄」の歌詞を変えたもの。その1年後に東芝に移籍し、もう一度「竹田の子守唄」をレコーディングしている。そして、このシングル「竹田の子守唄」のB面曲が、「翼をください」だった。

この「翼をください」を引っさげて、ヤマハが主催する「合歓ポピュラーフェスティバル'70」に出場し、新人奨励賞を受賞することになる。今でこそ、教科書に載り国民的な愛唱歌となっている「翼をください」だが、発売当初は「竹田の子守唄」のカップリング曲であったのだ。

実際の音源で聞いていただくと判るのだが、ドラムスやベースの入ったフォークロックのスタイルの曲で、壮大なアレンジがなされている。アメリカでいえば、フィフス・ディメンションを意識したような音作りだ。また初期の赤い鳥には、その後セッションギタリストとして大活躍する大村憲司、おなじく日本を代表するセッションドラマーのひとり、村上ポンタが在籍していた。

チャゲと飛鳥はともにポプコンの出身。二人とも別々に出ていたのだが、地区担当ディレクターの勧めでデュオを組むこととなり、7人編成のチャゲと飛鳥としてポプコンの本選会に出場した。このようなメンバーの組み替え、抜粋はポプコンでもしばしばおこなわれていたのだ。

79年に、つま恋でおこなわれた第17回ポピュラーソングコンテストの本選会に、飛鳥涼が作詞作曲した「ひとり咲き」で出場するが、グランプリは逃し入賞に留まる。そしてワーナー・パイオニアと契約しデビュー。人気が出始めたのは全国の学園祭を精力的に回り、シングル「万里の河」を出した頃から。飛鳥のクセの強いダイナミックなメロディーラインはフォーク演歌とも称された。

THE ALFEEは四人組のフォークグループとしてデビューした。コーラスが上手かったことから、研ナオコのバックでテレビに出ていたこともあった。

メンバーのひとりが脱退し、坂崎幸之助、高見沢俊彦、桜井賢の三人組になった直後に「府中捕物控」をレコーディング。この歌は府中で起きた三億円事件をモチーフにしたコミックソングで、事件が時効を迎える75年12月10日に発売を予定していた。がしかし、レコード会社からストップがかかり発売中止になってしまう。

これにもめげずに活動を続け、83年に発表した16枚目のシングル「メリーアン」で、やっと華開くことになるのだ。坂崎幸之助がフォークソング好きでアコースティックギターを抱えていることが多いが、ヒット以降のＡＬＦＥＥは、ヘヴィメタルやロックなどを取り入れたエレクトリックなバンドスタイルで演奏することが多くなっている。

クロスビー、スティルス、ナッシュ＆ヤングを手本に、ハーモニーを活かしたアコースティックトリオを目指していたのがガロだ。初期のアルバムでは、その魅力が遺憾なく発揮されている。一般に注目を集めるようになったのは、やはり

「学生街の喫茶店」のヒット以降になる。この曲は3枚目のシングル「美しすぎて」のB面に収められていたのだが、深夜放送で火が付き約半年の時間を経てヒット。オリコンの第1位を獲得しただけでなく、この曲で紅白歌合戦にも出場した。なおこの「学生街の喫茶店」が収められているアルバム『GARO 2』には、細野晴臣が宇野もんどの名義で参加している。

オフコースはフォークグループとして結成され、69年の第3回ヤマハ・ライト・ミュージック・コンテストに出場。「Jane Jane」などを歌った。このコンテストでグランプリに輝いたら解散するつもりだったのだが、結果はフォークソング部門第2位。その結果、活動を続けることとなったのだ。

70年にシングル「群衆の中で」でデビュー。オリジナルメンバーの地主道夫らが抜け、小田和正、鈴木康博の二人となるが、デビューから7年目の76年にメンバーを補給し、バンドスタイルのオフコースとなる。売れ始めたのは、その後のことだ。

財津和夫率いるチューリップも、デビューの時期からみてフォークソングの文脈で語られることが多いが、音楽的にはバンドサウンドであり、フォークでもロックでもない新しい音楽。そういった意味ではまさにニューミュージックのグループだと言えるだろう。オフコースや赤い鳥と同じ時期にヤマハ・ライト・ミュージック・コンテストに出場し、互いにライヴァル意識を燃やしていたという。

チューリップは地元のインディペンデントなレーベルからシングルを発表した後の72年に上京し、東芝と契約して「魔法の黄色い靴」でメジャーデビューする。財津が東芝を選んだのはビートルズと同じレーベルだったからではないだろうか。そう思ってしまうほどザ・ビートルズが大好きで、73年にはロンドンのアビー・ロード・スタジオに乗り込み、アルバム『ぼくがつくった愛のうた』を録音。また76年には全編ビートルズをカヴァーしたアルバム『すべて君たちのせいさAll Because Of You Guys』をリリースしている。

吉田拓郎のバックバンドを経て、デビューしたのが猫だ。もともとキャリアがあり、常富喜雄、内山修はザ・リガニーズの出身、田口清はジ・アマリーズの一員と、カレッジフォークのメンバーが集まったスーパーグループでもあった。

一度東芝からデビューしたのち、吉田拓郎のいたCBSソニーに移籍し、拓郎作の「雪」のヒットで再デビューを飾った。そのあとのヒット曲となった「地下鉄にのって」も吉田拓郎の作品であった。75年にアルバム『エピローグ』を残して解散するが、その後も何度か再結成を繰り返している。

かぐや姫の「神田川」の大ヒット以降、二匹目のどじょうを狙ったグループが数多く登場してくる。まさに雨後の筍のような状態だったのだが、その彼らの特徴は二つあり、グループ名がいっぷう変わっていること、それにパンタロンを履いていることだ。

変わった名前の例をあげれば、メチャとペチャ、となりきんじょ、かぶと虫、ルパンⅢ、一寸法師と親指姫、珍道中、俄《にわか》、丘蒸気、とんぼちゃんなどがあったが、一番変わっているのだと思ったのが定期貯金。これがグループの名前だから本当にびっくりしてしまう。

残念ながら、ほとんどのグループがシングル盤を1枚か2枚出しただけで解散してしまうのだが、その中で注目しておきたいのが、ビクターのSFレーベルからデビューした男女三人組のフリーランサーだ。通算成績、シングル盤4枚、アルバム1枚というのは、堂々とした成果だと思う。

74年のデビュー曲の「わたしたちの夢は」の歌詞の中に「マスコミは嫌いだけどテレビにも出て、落ち目になったら深夜放送のディスク・ジョッキーをやることです」というフレーズが出てくる。これは誰のことを歌っているのだろうか。他にも「四畳半フォーク」というタイトルの曲があったり、フォークソングを斜めから見ているような視線が面白い。ちなみに、彼らの唯一のアルバム『さよなら青春』は、再発CD化されている。

## コラム 放送禁止ってなに？

フォークの時代には、数多くの放送禁止歌がうまれている。例を挙げるなら、高田渡「自衛隊に入ろう」、岡林信康「チューリップのアップリケ」「手紙」、泉谷しげる「戦争小唄」、なぎら健壱「悲惨な戦い」、六文銭「街と飛行船」、山平和彦「放送禁止歌」、ザ・フォーク・クルセダーズ「イムジン河」など。このままベスト・オブ・フォークソングのコンピレーションができてしまいそうなラインナップだ。

放送禁止とは、日本民間放送連盟による内規で、つまりは自主規制なのだ。楽曲を審査し要注意歌謡曲を指定する。この指定にもレベルがあり、①放送しない ②旋律だけなら使用してもよい ③著作者の了解を得て不適切な箇所を削除または改訂する と3段階に区分されている。ただしこれも時代によって変化し、美輪明宏「ヨイトマケの唄」や、つボイノリオ「金太の大冒険」のように、かつては禁止だったのだが、現在では放送されている曲も少なくない。

これはあまり知られていないのだが、放送禁止歌は実はラジオで流されていたのだ。曲が発表され、それから審議し処分が決まるまで、数週間から1カ月くらいかかる場合がある。その間はノーチェックで、ばんばん曲が流されるというケースがあったのだ。69年の岡林信康の「くそくらえ節」も、最初はラジオで知った（たぶんこの曲は今でも放送するのは難しいだろう）。フォーク・クルセダーズ「イムジン河」も、山平和彦「放送禁止歌」も、ラジオで聞いてその存在を知った。

アングラで反体制だった60年代末期のフォークシンガーにとって、放送禁止の処分を受けるのは、ある意味での勲章であったように思う。そしてその曲がラジオで流され話題となり、放送禁止でオンエアされなくなった頃には、今度はレコードを買ってもらう。こんな素晴らしいプロモーションはない。今でいうところのステマ以上の宣伝効果が、この放送禁止歌にはあったのだ。

# 第8章
# 21世紀のフォークソング

## 今も生き続けるフォークソング

いつの時代にもアコースティックギターを抱きかかえた若者がいる。80年代以降、フォークソングはもとよりニューミュージックという言葉すらも過去のものになった時代でも、フォークソングは生き続けているように思う。

90年代に目を落としてみると、90年代半ば頃から、ゆずが登場してきている。ゆずは北川悠仁と岩沢厚治の二人組で、横浜の松坂屋前をホームに路上ライヴをおこなった。90年代以降のフォークソングを語る場合、この路上でのライヴというのが、ひとつのキーワードになっている。

時代の流れを見渡すと、80年代のホコ天（歩行者天国）でのライヴやダンスパフォーマンスを思い出す方もいらっしゃるだろう。このホコ天からは、ディスコサウンドに合わせて揃いのド派手な衣装で踊る「竹の子族」、オールディーズなファッションに身を包みロックンロールを踊りまくる「ローラー族」などが生まれた。

80年代はバンドブームの真っ盛り、ホコ天出身のバンドも数多く出てきたが、その中からJUN SKY WALKER(S)、THE BOOM、高校生バンドのBAKUなどが大きく羽ばたいていった。路上といえばフォークゲリラからの歴史がありながら、ホコ天からはあまりフォーク系のグループが出てこなかったのは不思議でならない。

話をゆずに戻すと、彼らの路上ライヴは人が集まり過ぎるという理由で98年の8月に終了する。その最終日は悪天にもかかわらず7000人以上の観客が集まった。98年にリリースしたメジャーでの最初のフルアルバム『ゆず一家』は通算100万枚を超えるヒット作となった。

二人ともアコースティックギターを持って歌う。特に岩沢厚治は、YAMAHAのFGシリーズという70年代フォークシンガー御用達のギターの愛好者。初期のレコーディングには、永遠の名器といわれるYAMAHA FG—180(赤ラベル）を使用している。基本的には、70年代のフォークソングにはなかったような明るさが彼らの特徴であるのだが、98年のアルバム『ゆずマン』に収められた「春三」の饒舌な歌詞は、かつての吉田拓郎を思い浮かばせてくれるような瞬間がある。

ゆずは紅白歌合戦に出場したり武道館公演を行ったり、ゆず現象と呼んでいいほどのムーヴメントを巻き起こした。ゆずに続いたのが、大阪の堺市の商店街で歌っていたコブクロだ。グループ名は、小渕健太郎のコブと、黒田俊介のクロとを組み合わせたもの。小渕がヴォーカルとギター、背の高い黒田はヴォーカルだけというスタイルは、サイモン&ガーファンクルと同じスタイリングだ。

インディーズを経て、2001年にワーナーミュージック・ジャパンよりシングル「YELL～エール～／Bell」でメジャーデビューを果たす。基本的な楽曲はポップで、ゆずほどはアコースティックなサウンドへの拘りは感じさせないものの、バラードの上手さが光っている。二人の声質の違いが、とても面白い効果を出しているのだと思う。ゆずと共に息の長いグループとして、現在も活動を続けている。

岡平健治と岩瀬敬吾によるフォークデュオ、19（ジューク）は広島出身で、98年に「あの青をこえて」でビクターエンタテインメントよりデビューした。ブレイクしたのは、セカンドシングル「あの紙ヒコーキ　くもり空わって」からで、TBSのキャンペーンソングに起用されたこともあり、じわじわとランクを上げオリコンの第6位まで上昇した。このヒットにより、紅白歌合戦へも出場した。彼らはストリートバンドのブームに乗ったと言ってもいいだろう。

2003年に登場してきた平川地一丁目は、上記のバンドとはまた手触りが違っている。林龍之介と直次郎の兄弟によるグループで、父親が吉田拓郎やチューリップが好きだった影響なのか、どこか朴訥とした中に懐かしいような感触を持っていた。兄が15歳、弟が12歳という若さも、彼らの特徴であった。吉田拓郎や南こうせつの世代からすれば、孫のような年頃なわけだ。

２００３年の11月にソニー・ミュージックエンタテインメント内のデフスター・レコーズよりシングル「とうきょう」でメジャーデビュー。彼らのシングルには、村下孝蔵や山崎ハコなどのフォークのカヴァーが含まれているが、この「とうきょう」のカップリング曲は、五輪真弓の72年のデビュー曲「少女」であった。自分たちが生まれた年よりも、さらに16年以上前のヒット曲を選んだというわけだ。

平川地一丁目のデビュー曲のプロデューサーである斉藤和義がデビューしたのは93年のこと。デビュー曲「僕の見たビートルズはＴＶの中」を発表した際のキャッチコピーが「四畳半じゃ狭すぎる」だった。とりわけアコースティックギターへの拘りが強く、弾き語りのライヴもする彼だが、本質的にはロックンローラーなのだ。そのロックへの想いを、アコギに叩きつけていくところが斉藤和義の持ち味でもあると思う。

森山直太朗は、デビュー以来フォークシンガーのスタイルを崩してはいない。

森山良子の息子という血筋もあるだろうが、自身の歌の拠り所をフォークソングに置いているからなのだろう。その清潔感にあふれた歌い回しは、60年代のカレッジフォークのスピリットを受け継いだもののようにも思えてくるのだ。

２０００年代に目を向けると、真っ先に竹原ピストルの名前が浮かんでくる。99年に結成された野狐禅の片割れだった人物で、２００９年にミニアルバム『オールドルーキー』でデビューした。

無頼派の生き残りのような風貌だが、その歌声は思いのほか繊細。声をあらげるにしても、どこか律儀さが感じられる。その野生が彼のトレードマークのようになっているが、叫んだ後の達観のようなものが、彼の魅力ではないかと思う。もっとさらに捨て身になってくれたのなら、70年代のフォークソングを超える存在になるような気がする。

## フォークソングのスピリットを感じさせるアーティスト

２０００年代に入ってからも、ストリートでのパフォーマンスは続いている。かつては、行き場がないため路上という場所を選んだように思うが、昨今はひとつのステップとして街角が選ばれているように思う。例えば、モーニング娘。のオーディションに落ちたからストリートで歌い始めた。そんなシンガーが出てきてもおかしくないのかもしれない。

つまりは、ストリートパフォーマンスは、ひとつの手段であり、方便であるのだ。andymori の歌に「路上のフォークシンガー」というのがあるが、ストリートシンガーは、ただの光景になってしまったのかもしれない。

フォークソングの遺伝子を持った歌い手は、路上からではなく、もっと他のところから出てくるような気がする。

「恋ダンス」ですっかり国民的なスターとなった星野源だが、その資質はフォークソングにあった。あったと過去形で書いてしまうことになるが、ＳＡＫＥＲＯＣＫから距離を置き、ソロ活動を始めた頃は、自分の周りの出来事しか歌わない、生粋のシンガーソングライターであった。

２０１０年に発表したアルバム『ばかのうた』は、そんな身近なものばかりの歌が詰まっている。デビューシングルの「くだらないの中に」は、その骨頂のような歌で、21世紀が生んだ最高のラヴソングのひとつになるだろう。ただ星野源の場合は、すでにシンガーソングライター期は過ぎて、彼は次のフェーズを進んでいる。それが少し残念でならない。

フォークソングのスピリットを歌うにしても、昔のままを演ってもつまらない。そこに現在のエッセンスをまぶしてアップデートしていかなければならない。その点において、もっとも成功しているのが、ハンバート ハンバートの二人ではないかと思う。吉田拓郎の「結婚しようよ」や、西岡恭蔵の「プカプカ」をカヴァーしているが、古臭さはどこにもない。しっかりと今の歌に仕上げている。

この感覚で歌われるオリジナルが悪いわけがない。現在と過去を最良の形で結びつけているのが、ハンバート ハンバートであると思うのだ。

あまりフォークソングのイメージばかりを押しつけてもいけないのだが、2014年にミニアルバム『I'm so sorry, mom』でデビューした、男女二人組のラッキーオールドサンにも、あの時代のフォークソングの香りが感じられる。それは青春がもつ独特の軽やかさなのかも判らないが、この心が浮き立つような感覚は嬉しくなる。同じようなことが、日本の田舎サウンドを目指すD・W・ニコルズにも感じられる。初めて小坂忠のフォージョーハーフを聞いた時は、こんな雰囲気だったのだ。

スタイルに拘らずに言えば、70年代的なテイストを発散しているグループに男女二人組の蜜がいる。オリジナル曲も魅力的なのだが、カヴァー曲のセレクトが素晴らしかった。森高千里の「私がオバさんになっても」や、鈴木慶一とムーンライダーズの「髭と口紅とバルコニー」を取りあげるセンスには脱帽。しばらく活動を休止していたのだが、２０２０年に再開。今後に期待が持てる。

「香水」をヒットさせた瑛人はどうだろうか。デジタル配信でしかリリースをしないというのは、まさに21世紀的だ。シンプルで素朴でモノクロームな印象が強いが、それが戦略なのか素の表情なのかがまだよく判らない。その欲望を表に出さないのが、彼の一番の特徴となるのだろう。

他にも、高木大丈夫とNoProblemsやHomecomings、ミツメなどがいる。フォークソングの文脈からは少し離れてしまうのだが、その根底に流れているのは70年代から脈々と続くフォーキーな精神のようなものだと思う。こういった音楽がシティポップとシンクロしながら現れてくるのは楽しみなことだ。

意外と思われるかもしれないのだが、最近の歌い手で最もフォークソングを感じさせてくれるのが、あいみょんなのだ。物語の作り方が上手い、それを表現できるだけの歌唱をもっている。嘘だろうけれど本当のことを教えてくれるような、そんな虚実皮膜ぶりがなんとも心地よい。他人事を歌うだけではつまらない。絵日記のようなレトリックのない歌詞はもううんざりだ。そんな歌が蔓延している中だからこそ、あいみょんの言葉は突き刺さってくるのだと思う。ひょっとしたら彼女は、史上最後のフォークシンガーになるのかもしれない。

男性でいえば、折坂悠太の歌声が一番面白く感じられる。上野樹里が主演したドラマ「監察医　朝顔」の主題歌に起用されていたので、耳にした方も多いだろう。どこか古臭く、不器用さも感じるような歌声だが、この普遍性こそがフォークソングなのだと思う。歌の中で言葉が織りなす編み目のような模様が、とても繊細で心の奥に忍び込んでいる。

フォークソングは、これから何処へ進んでいくのだろうか。フォークは決して過去に置き去りにされた音楽ではない。これからも、脈々と続いていくはずだ。その兆しが、今も見えているように思えるのだ。

# おわりに

今回、この本をまとめてみて、フォークソングという言葉が持つ広さを実感した。実に広大で、様々な意味を持っている。

民謡もしくは民衆という英語を語源に持ち、その伝承的な音楽がアメリカで若い世代にディスカヴァーされてモダンフォークを生んだ。それが遠く日本にまで渡ってきたのが60年代の初頭。日本に入ってきてから、すでに60年以上の歴史を持っていることになる。

最初は頑なにその音楽のスタイルを守っていた時代もあったのだが、やがてそれは日本的な情緒感や哀愁などを取り込み、日本の音楽へと定着していった。フォークソング、フーテナニー、カレッジフォーク、プロテストフォーク、フォークロック、アングラフォーク、四畳半フォーク、それにニューミュージックもフォークソングの進化形と見なすことができるだろう。これほどまで流転を繰り返した音楽も珍しいのではないかと思う。これもギターが一本あれば演奏できるという、親しみ易さがもたらせたものだと思う。

昔の若者は、どこへ行くのにもギターを抱えていった。海にも山にも旅行にもコンサートにも。海に楽器を持っていって潮風に当てて大丈夫なのかと思うかもしれないが、その無鉄砲さも若さであったのだ。70年に中津川でおこなわれた全日本フォークジャンボリーの映像をみていても、ギターケースを持っている観客がなんと多いことか。会場へ向かう電車の中でも、ギターを取り出して歌い始めている。

みんなが参加できる音楽というのは、フォークソングの魅力のひとつなのだろう。楽器が弾けないなら手拍子でもいい、コーラスでもいい。気軽に輪になり歌が始まる。80年代の半ば頃に、かつてのアメリカンフォークの聖地だったワシントン・スクエア公園を訪れたのだが、この時代になってもギターを片手に歌っているグループがいて驚かされた。永遠不滅の若者の音楽なのだ。

その若者たちも年齢を重ね、オヤジ世代に突入している。そんな団塊世代を応援するフォーク酒場が、全国に数多く誕生している。青春期のフォークソングは共通言語であり、新しい会話を生み出すきっかけとなっているのだろう。と同時に、アコースティックギターを片手に路上でのライヴを繰り広げている若者も未だ絶えない。これはとても興味深い現象だと思う。

それぞれの世代に、それぞれのフォークソングがあると言っていいだろう。世代を超え、時代を超えて、未だに歌い継がれている。

フォークソングはまだまだきっと、色々なことを教えてくれるはずだ。

## 参考文献

『アコースティック・ギター・マガジン Vol.32』特集ニッポンのフォーク（リットーミュージック）
『Music Life 9月号増刊 FOLK SONG』（シンコーミュージック）
『Folk Singers』（日本楽器製造株式会社・渋谷店）
『年鑑ヤングフォーク・ジャンボ '78』（講談社）
『フォーク黄金時代　Folk of Ages 1969-1978』（シンコーミュージック）
『風に吹かれた神々―幻のＵＲＣとフォーク・ジャンボリー』鈴木勝生（シンコーミュージック）
『ジェネレーションＦ』（桜桃書房）
『ロック画報（03）』特集フォーク・ミュージック（ブルース・インターアクションズ）

『日本のフォーク完全読本』馬飼野元宏・監修（シンコーミュージック・エンタテイメント）
『日本フォーク紀』黒沢進（シンコーミュージック・エンタテイメント）

●著者プロフィール
小川真一（おがわ・しんいち）
音楽評論家。ミュージック・マガジン誌、レコード・コレクターズ誌、ギター・マガジン誌、ロック画報などに寄稿。共著に『日本のフォーク完全読本』（シンコーミュージック・エンタテイメント）、『ジェネレーションＦ　熱狂の70年代×フォーク』（桜桃書房）ほか多数。

マイナビ新書

フォークソングが教えてくれた

2020年8月31日　初版第1刷発行

著　者　小川真一
発行者　滝口直樹
発行所　株式会社マイナビ出版
〒101-0003　東京都千代田区一ツ橋2-6-3 一ツ橋ビル2F
TEL 0480-38-6872（注文専用ダイヤル）
TEL 03-3556-2731（販売部）
TEL 03-3556-2735（編集部）
E-Mail pc-books@mynavi.jp（質問用）
URL https://book.mynavi.jp/

装幀　小口翔平＋三沢稜（tobufune）
DTP　富宗治
印刷・製本　図書印刷株式会社


ISBN978-4-8399-7402-2

Printed in Japan